KB265853

엄마 내 맘 좀 들어줘
박동옥 지음
미래와경영

엄마, 내 말 좀 들어줘!

1판 1쇄 인쇄   2009년 5월 10일
1판 1쇄 발행   2009년 6월 1일

지은이 박동옥 **펴낸이** 조헌성 **펴낸곳** (주)미래와경영
책임 엄진영 **기획** 강성진 **편집** 김석미 **영업/마케팅** 김수영·박병오
표지디자인 디자인허브 **인쇄** 해외정판사 **제본** 대산바인텍
주소 서울특별시 구로구 구로동 222-14
대표전화 (02)837-1107 **팩스** (02)837-1108
등록번호 제 16-2128호
홈페이지 http://www.FNM.co.kr

값 13,000원
ISBN 978-89-6287-019-0 13370

필자도 어렸을 때 부모님과의 관계가 원만하지 않았던 기억을 가지고 있는데 그 당시에는 그런 일들이 큰 문제가 되지 않던 사회 분위기였기에 별로 대수롭지 않게 넘어갔었다. 그러나 막상 내 자신이 부모가 되고 교육업에 종사하면서 부모가 자녀의 입장에서 생각하고 대안을 찾으면 이상적인 부모와 자식과의 관계를 정립할 수 있을텐데라는 안타까운 생각에 이렇게 집필하게 되었다.

내가 가장 소중하게 생각하고 사랑하는 아이, 나의 생명과도 같고 필요하다면 나의 목숨이라도 기꺼이 줄 수 있는 나의 분신인 아이!

세상에서 유일하게 나의 편, 나를 낳아주고, 키워주고, 보살펴주고, 희생을 하면서까지 좋은 것은 다 나에게 양보하는 너무나 고마운 부모님!

가장 이상적인 관계이며 인간 관계에서 더 이상 완벽한 조건은 존재하지 않는 부모와 자식관계! 즐거움과 사랑으로 가득 차야할 것이라는 생각에 이의를 제기하지 않을 것이다. 그러나 현실은 의외인 경우가 상당히 많다.

얼굴만 마주치면 스트레스를 받는 아이와 부모! 갈등하고 다투며 말 한 마디에도 민감하게 반응하며 살얼음판같은 긴장 상태에서 생활하는 부모와 자식관계가 현존하는 안타까운 현실이다.

자녀의 부정적인 생각과 행동을 알고 방치할 수 없는 부모!
부모의 충고를 귀찮은 잔소리 정도로 알아듣고 회피하려는 자녀!
미래를 위한 고통보다 현실의 편안함을 우선적으로 생각하는 자녀!

미워하고 원망하며 스트레스를 겪는데 일시적인 현상으로 끝나기도 하지만 깊은 상처가 되어 성인이 되어서도 부정적인 영향을 받는 경우가 많다. 부모 자식간에 왜 끊임없이 문제가 발생하는 것일까?

부모의 입장에서 첫째는 자녀를 사랑하기 때문이며 둘째는 미래를 보는 혜안이 있어 자녀의 부정적인 학습 태도를 개선할 때 긍정적인 미래가 보장되기 때문에 교정을 위해 지시하는 과정이 자녀와의 갈등을 만들게 된다.

반대로 자녀의 입장에서 부모와 갈등은 하기 싫은 공부, 할 수 없는(수준 미달) 부분까지 강요받는다는 것과 피부로 느끼지 못하는 미래를 위해 하고 싶은 것도 못하면서 공부에 대한 스트레스를 받아야 하기 때문에 문제가 된다.

결론적으로 부모와 자녀의 갈등은 원하는 것이 너무 다르고 서로를 모르기 때문에 발생하는 사안으로 볼 수 있는데 예컨대 부모는 A에 비중을 두고 지시, 요구를 했는데 아이는 전혀 다른 B로 받아들이는 경우로 볼 수 있다.

자녀는 부모가 원하는 것을 알아야 하고 부모는 자녀가 무엇을 원하는지 역지사지의 입장에서 생각하는 것이 무엇보다도 중요하다. 필자는 부모와 아이들의 문제점을 해결하기 위한 방법으로 아이들을 정확히 파악하기 위해 학원 수강생을 대상으로 설문을 실시하였다.

2008년 9월 서울, 대전, 부산에 거주하는 초등생 남녀 각 250명, 중학생 남녀 각 250명 등 총 1,000명을 대상으로 설문조사를 실시하였다.

본서는 부모와 자녀의 관계를 회복하는데 필요한 요소 ① 발생 원인 ② 자녀 파악 ③ 커뮤니케이션 ④ 불만 및 요구사항 ⑤ 자녀가 원하는 부모가 되는데 필요한 요소를 제시하였으며 이해를 돕기 위해 필자의 체험을 바탕으로 대화체로 서술하였다.

상대가 긍정적이면 무엇이든 긍정적으로 생각하는 반면 부정적이면 무조건 부정적으로 생각하게 된다. 예컨대 "내가 언제 틀린 말 한적 있어!"라고 아이를 꾸짖으면 부모와 문제가 심각할수록 아이는 속으로 난 엄마의 말이 "틀리거나 맞는 것에 관심 없어요. 엄마가 싫기 때문에 엄마 말은 무조건 싫을 뿐이에요. 무슨 말을 하던 난 부정적으로 생각할거에요."라고 생각한다.

본서가 위와 같은 부정적인 관계를 긍정적인 관계로 바꿀 수 있도록 일조를 해서 "아이가 원하는 부모의 조건과 부모가 원하는 자녀"로 변하는데 도움이 되었으면 하는 마음 간절하다.

박동옥 씀

Contents

3 꿈을 이루기위한 필수요소

4 우리를 좀 파악해 주세요

5 아이를 이렇게 지도해 주세요

6 설문조사를 통해 아이의 심리를 파악하자 253

Chapter 01

아이의 심리를 알아야 커뮤니케이션이 이루어진다

우리 아이는
왜 기억하지 못할까?

사람이 동물과 다른 점은 의사 전달이 다양한 방법으로 이루어지고, 기록되고, 논의할 수 있다는데에 있으며 인류 발전의 원동력이라고 할 수 있다. 그만큼 의사 전달은 중요한 것이라고 할 수 있다. 지금부터 가장 가까운 관계인 자녀와 부모 사이에서 일어나는 의사 전달의 문제점을 살펴보자. 필자가 가장 많이 접하게 되는 자녀 상담 중 하나로 부모가 자녀에게 말했는데 못들은 척 한다고 하소연하는 경우이다.

Case

엄마가 외출시

엄마 우진아, 엄마 외출하니까 집 잘보고, 컴퓨터 게임 1시간만 하고 숙제끝내! 가스렌지(사골 올려 놓은거, 찌개, 옥수수, 고구마 등) 조금 있다가 불 끄고! 알았지?

우진　네! 알았어요.

엄마　(불안해서 다시) 컴퓨터 게임은 1시간만 하고 숙제끝내고…

우진　알았다니까요. (라고 신경질을 내거나 소리를 지른다.)

엄마　(다음 말을 잇지 못하고) 알았어. 나, 나간다. (라고 말하고 불안해하며 외
　　　출한다.)

엄마　이게 뭐야! 다 타버렸잖아, 내가 외출할 때 뭐라고 했어. 타기 전에
　　　내려놓으라고 했잖아!

우진　(눈을 똑바로 뜨고) 엄마가 언제 그랬어? 나보고 집 잘보고, 컴퓨터 게
　　　임 1시간만 하고 숙제하라고 했잖아! (라며 오히려 반발한다.)

엄마　어이가 없이 말문이 막히면서 아이와 언성이 높아진다.

왜 이와 같은 경우가 발생할까?

　집 잘 보고, 컴퓨터 게임까지만 하면 된다고 생각하는 아이들에게는
어떤 문제가 있을까? 의사 전달이 전혀 되지 않으면 아이의 청각에 이상
이 있는건 아닐까라고 생각할 수도 있겠지만 말을 듣다가, 안듣다가 들
쑥날쑥해서 문제가 발생한다는 것이다.

　부모는 아이에게 분명히 말했고 아이 대답까지 받았지만 나중에는 그
렇게 말한 적도, 자기가 그런 대답을 한 적도 없다고 우기기 일쑤여서 아
이의 청각에 문제가 있는듯해 병원에서 진찰까지 받았지만 정상이라는
진단에 난감해 한다.

초등학교 입학 전 아이들 대부분은 하기 싫은 부모의 지시를 무시하고 모른척한다. 이러다 크게 혼나지 않고 위기를 넘기는 일이 잦아져 자신도 모르게 습관처럼 굳어진 경우가 상당히 많다. 처음에는 고의였으나 반복하면서 습관이 되어 무의식적으로 못 듣게 되는 것이다.

문제점

① 사회생활에서 커뮤니케이션에 문제가 된다.

습관이 되면 손해, 이익 여부를 떠나 전반적으로 다른 사람과의 일상적인 소통에서도 지대한 영향을 받는다.

② 공부가 뒤쳐질 수 있는 가능성이 많다.

학습 전반에 나쁜 영향을 미쳐 심각한 문제를 초래할 수 있다.

③ 책임감이 없어진다.

하기 싫은 것을 지시받은 경우 자신이 못 들었다는 핑계를 대며 회피하기 때문이다.

④ 피신처로 삼게 된다.

처음에는 잘못이라고 생각하나 습관이 되면 자신도 모르게 당연하게 생각하게 되어 교정에 상당한 어려움을 겪게 된다.

아이와 커뮤니케이션이 이루어지지 않는 것은 대단히 심각한 문제다. 부모 자식간은 물론 타인과 협조하며 공생해야 하는 관계를 벗어나서 살 수는 없기 때문이며 더구나 요즘처럼 정보화 시대에서는 커뮤니케이션은 삶 자체를 결정할 수도 있기 때문이다.

지시했는데도 정확하게 전달되지 않는 원인

첫 번째, 부모의 지시를 정확하게 듣지 않고 다른 생각을 하는 경우로 부모의 꾸중이 항상 같은 내용일 경우 처음에는 듣는 척하다가 좋아하는 가수, 영화배우, 게임하는 생각, 마음속으로 좋아하는 노래를 부르는 등 딴 짓을 하다가 엄마의 고함 소리에 마지못해 대답하는 경우가 이에 속한다.

두 번째, 부모가 지시한 내용이 아이 수준보다 높아 이해하기가 어려운 경우이다. 부모가 자녀에게 지시할 때 전문 용어를 사용하거나 서론, 본론, 결론없이 간단하게 결론만을 말하면서 일방적인 지시를 할 경우이다.(이 정도 말했으면 아이가 알 수 있을 것이라는 생각에 생략하는 경우)

세 번째, 부모가 작은 목소리로 말하여 정확하게 전달되지 않았을 때 아이가 다른데 신경을 쓰고 있거나 서로 눈을 마주하며 하는 경우가 아니면 정확하게 말해야 귀담아 들을 수 있다.

네 번째, 부모의 지시가 전혀 생각나지 않는 경우로 아이가 다른 일에 몰두해 있거나 깊은 생각에 잠겼을 때 지시하는 경우다.(게임, 친구와 전화 통화, 만화, 소설책 등에 몰두하는 경우) 옆에서 고함을 쳐도 듣지 못하는 경우를 자주 접하는데 수면욕구가 강하거나 주위여건에 아랑곳하지 않고 잠에 빠져들듯이 게임에 열중하는 경우다. 이때는 지시를 해도 못 알아듣는 경우가 다반사이다.

다섯 번째, 부모의 지시를 고의로 못 들은 척 하는 경우이다. 사람은 누구나 자신의 이익을 추구하는 본능이 있는데 이 경우도 예외는 아니다. 어려서 부모의 지시가 아이 자신을 괴롭히는 내용으로 일관할 경우 정면으로 거역하면 혼나기 때문에 회피의 일환으로 못 들은 척하거나 듣지 못했다고 마구 우기는 경우다.

여섯 번째, 심리적인 요인이 있다. 아이들은 부모의 지시를 골라서 기억하는 뇌 구조를 가진다. 부모님의 지시에 극단적인 스트레스를 받는 경우 지시 자체를 거부하려는 마음을 가지게 된다. 그래서 주의를 주고 확인하지 않으면 한마디도 기억하지 못하는 경우가 있다.

성인은 자신이 가장 싫어하는 정보는 듣고 나름대로 대처하지만 아이들은 처음부터 기억하지 못하는 뇌 구조를 성장 과정중 일시적으로 가진다고 한다.

일곱 번째, 기억하고 싶은 것만 골라서 기억하려고 하는 경향이 있다. 그렇다고 아이가 100% 기억하지 못하는 것이 아니다. 자기가 좋아하는 게임, 텔레비젼, 선물, 외식, 여행, 외출 등은 기억하면서 공부, 심부름 등 자신이 싫어하는 것은 전혀 기억하지 못한다. 이는 아이가 어떤 대상에 거부감이 강하게 잔재해 있는 경우로 의학적으로 가능하다고 한다.

부모가 자녀에게 지시를 하지 않았는데 지시를 했다고 혼자 착각하는 경우도 많이 발생하고 있다.

결국 이 모든 문제가 발생되는 것은 부모의 지시를 아이가 부정적으로만 생각해서 일어나는 것이다. 적당히 듣고 아이 자신이 편한데로 해석해도 아이 자신에게 심각한 문제가 없이 무사히 넘어간 경우가 반복되어 일어난다. 그로인해 부모의 지시를 무시하게 되고 급기야 습관이 되어 듣고도 못 들은 척 하는 등의 문제가 발생되는 것이다.

다음의 예에서 필자가 제시하는 방법처럼 아이가 관심을 갖는 외출, 용돈, 외식, 여행 등과 관련된 얘기를 하면서 자녀의 습관을 조금씩 고쳐

나가는 것이 도움이 된다.

부모의 지시에 아랑곳 하지 않거나 듣는 듯, 마는 듯 할 때

엄마 (자녀가 둘이라면 그 중 한 명 옆에서 아주 작은 소리로, 녹음할 필요도 있음) 애들아, 앞으로 한 시간 안에 학교 숙제 끝내야 외식에 데려 갈거야. 빨리 끝내! (동생은 "알았어요"라며 숙제에 임하는데 큰 애는 게임에 열중해 듣지 못한다. 시간이 경과한 후 아빠와 외출할 준비를 하면서). 애들아 숙제 다했으면 외식하러 가자!

아들 (여전히 게임에만 열중하고 있다.)

엄마 우진이 너, 숙제했니?

아들 아니요?

엄마 그럼 약속대로 우진이 너 숙제하고 있어. 우리 나갔다 올께!

아들 엄마 어디 가세요?

엄마 응, 외식하러 가.

아들 나도 가야지. (라고 말하면서 외출 준비를 한다.)

엄마 안돼! 우진이 너는 집에 있어!

아들 엄마 왜요? 왜 나는 안 데려 가요? 나도 갈거예요.

엄마 아까(1시간 전) 너한테 물어봤잖아. 숙제 끝내고 외식 따라 갈거냐고 그랬더니 대답을 안했잖아.

아들 아니에요. 엄마 나 듣지 못했어요. 그리고 엄마가 물어보지 않았잖아요!

엄마 (동생 희진이에게) 희진아! 아까 엄마가 공부 끝내면 외식한다고 했어? 안했어?

딸 했어. 엄마! 오빠가 게임하고 있을 때 했는데 오빠가 못 들었나보네!

엄마 그래도 못믿겠으면 엄마가 녹음한 것 들려줄까? (초기에는 녹음할 필요가 있다.)

아들 (녹음하지 않았다고 생각하고 외출할 것인지 듣지도 않았다는 생각에) 네!

엄마 (녹음기를 재생하자) 우진아, 1시간 이내에 학교 숙제 끝내면 외식하는데 데려갈께! (라는 목소리가 들린다.)

아들 (믿을 수 없다는 표정을 지으며) 엄마 좀 크게 말해야 들릴 것 아냐? 다음부터 엄마 말 잘 들을게 (라며 외식을 위해 외출 준비를 하거나 동의를 구한다.)

엄마 (단호한 어조로) 엄마와 전에 약속했잖아. 말할 때 듣지 않으면 손해를 볼 수 있다고. 며칠 전에도 마트에 쇼핑갈 때도 듣지 못했다고 해서 한번 봐주었잖아. 이제는 안돼! (라고 단호하게 거절한다.)

아들 (사정해도 요구를 들어주지 않자 엄마에게 화를 내며) 알았어! 안갈거야! 안가면 되잖아? (라며 자신의 방문을 쾅!하고 닫으며 들어간다.)

엄마 우진아 이리와! (화난 목소리로 부른다.)

아들 (화난 표정을 감추지 못하고 씩씩거리며 다가온다.)

엄마 김우진(화가 났다는 신호는 성을 포함해 이름을 부르는 것), 엄마와 무엇을 약속했어?

아들 엄마, 아빠의 지시를 듣지 못해 손해를 보게 되더라도 화내거나 짜증내지 않기로요.

엄마 그런데 지금 넌 엄마에게 화를 내고 있는 거잖아?

아들 잘못했어요. (라며 사과한다.)

엄마 그럼 집 잘보고 있어. (라며 외식을 위해 외출한다.)

대안 찾기

- 아이에게 필요성과 문제점을 충분히 이해시키고 대안을 제시하고 반드시 협의 후 실행한다.
- 예외는 1회만 인정하고 이후는 철저하게 규칙을 적용시키고 같은 예외는 인정하지 않는다.
- 각서 등을 받아놓고 예외없이 실천하여야 한다.

왜 부정적으로만 생각할까?

엄마들은 아이가 엄마의 말을 너무 부정적으로 받아들인다고 믿고 있다. 그래서 답답해하고 나아가 아이에게 실망감을 감추지 못하는 경우가 대부분이다. 정말 아이가 부모의 지시를 부정적으로만 생각할까? 부모에게 문제가 있는 것일까, 아니면 아이에게 문제가 있는 것일까?

누구에게 문제가 있다고 딱히 잘라 단정할 수 없는 노릇이다. 이는 상황이 문제를 만드는 양상을 띄고 있기 때문이다. 사람은 누구나 자신에게 이익(정신적, 물질적)을 주면 긍정적으로 생각하지만 피해를 준다고 생각하면 멀리하거나 거부하기 마련이다.

부모와 아이의 관계는 어떤 관계일까? 아이들은 부모가 좋아하는 행동을 할 수 없는 걸까? 부모가 바라거나 좋아하고 하고 싶은 일에 동의해 줄 수는 없을까? 그건 단지 엄마나 아빠의 희망 사항일 뿐이다.

아이가 부모의 지시를 싫어하는 것은 지시하는 것마다 아이에게는 고통이며 항상 고통이 추가된다고 생각하기 때문이다. 현재도 힘들고 감내하기 어려운데 이제 막 일부분이 끝났는데 또 다시 새로운 고통을 떠안기는 것과 같기 때문이다. 이러한 상태에서 아이에게 하는 대부분 부모의 말은 공수표 남발과도 같다. 그러니 아이는 더욱 부모의 말에 신뢰하지 않는 것이다.

부모가 아이에게 주로 하는 말

(주로 굳은 표정이나 화가 난 목소리 또는 경직된 음성으로) "공부해라", "숙제했니?", "학원에 가야지", "언제 시험이야?", "게임 그만해라", "TV 그만 보고 공부 좀 해!", "친척 철진이는 성적이 올랐다는데... 답답하다. 넌 언제 철들래!", "숙제 다 했다고 공부 끝난거니?"

가정에서 늘상하는 입버릇이 아이가 싫어하는 말로 일관하기 때문에 부모가 입을 열거나 시선을 마주치는 것 자체도 스트레스가 된다.

아이에게 이런말을 한다면

"이제 공부 그만하고 놀아!", "공부가 전부이니? 너 하고 싶은 것 해!", "공부 잘한다고 꼭 출세하는 것은 아니야", "우리집 재산이 많으니까 네가 평생을 써도 남는데 그까짓 공부해서 뭐해", "공부하고 싶을 때 해. 엄마는 우리 새끼 공부 때문에 스트레스 받는 것 싫어", "사고싶은 것 있으면 말해?", "먹고 싶은 것 말만해! 원하는 것 다 들어 줄께"

좀 받아들이기 힘들겠지만 이처럼 말해도 아이가 부모의 지시를 부정적으로 생각할까를 생각해보자.

아이가 이런 말을 한다면

"엄마 두고 보세요. 수개월 내에 우등생이 될게요", "이번 주말은 컴퓨터, TV 안보고 공부만 할께요", "나는 공부 외에는 재미가 없어요. 밤새고 공부하느라 코피를 조금 흘렸지만 괜찮아요. 엄마 제발 나보고 공부 그만 하라고 하지마세요. 공부보다 재미있고 즐거운 것을 보지 못했어요", '공부만 하면 시간이 금방가요", "이번에 전 과목 올 백점 문제없어요", "수학, 과학 과외 좀 시켜 주세요. 이번 겨울방학에는 기숙사 학원에서 공부할래요"

모든 부모의 희망 사항이겠지만 아이 스스로 공부에 관심갖고 노력하는 행동을 하면 부모가 아이에게 잔소리 할 필요가 없을 것이다.

극단으로 치닫는 아이와 부모의 공부전쟁

부모와 아이의 요구가 현저하게 차이 나기 때문에 아이가 부모의 지시를 부정적으로 생각하는 것은 당연하다고 할 수 있다. 그래서 아이가 부모의 지시를 긍정적으로 생각한다는 것은 어떻게 보면 비정상일 수 있다. 어쩌면 지금의 갈등과 문제는 논의할 대상이 아니라고 생각할 수 있으나 그 정도가 심하다는 것이다. 즉, 아이와 부모가 서로를 원망하며 미워하는 극한의 사태에 이른 경우가 상당히 심하기 때문에 문제가 있는 것이다.

아이 입장에서 보면 부모는 입만 열면 자신이 싫어하는 것을 요구한다고 생각한다. 우리들 가정에서 일어나는 일상과 크게 다르지 않다. 문제는 서로에 대한 이해와 배려가 부족하기 때문에 발생한다. 부모는 자녀 미래의 삶을 위해 지극히 당연한 요구를 하는 것이라고 생각한다. 그러나 아이의 수준이나 현 상황 등을 고려하지 않고 아이가 불가능하다고 생각하거나 꿈에서도 생각해 보지 못한 극 상위권(자녀는 85점대, 목표는 98점대)을 강요한다. 또한 아이가 가지고 있는 학습 방법과 점수를 수개월 이내(순간적으로) 향상시킬 수 있어야 한다는 생각으로 아이를 대하기 때문에 자녀는 그저 엄두도 못내는 수준을 강요받고 있다고 생각한다.

또 아이들로서는 부모가 말하는 미래에 대한 얘기는 전혀 공감할 수 없는 것들뿐이고 나의 성적도 중간정도 되니 아주 못하는 것도 아닌데 부모님은 항상 꾸중만 하고 나보고 전과목에서 1~2개만 틀리는 괴물같은 애들처럼 되라고 한다는 것이다. 그래서 거실에서 보기만 하면 얼굴만 스쳐도, 내가 조금만 쉬고 있어도 공부! 공부! 공부! 꿈에서도 공부하라고 한다.

'TV에서도 공부가 인생의 전부가 아니라고 하는데 공부를 잘하지 않아도 성공한 사람도 많은데…. 왜 부모님은 내가 가장 싫어하는 공부만 하라고 난리야 아~ 짜증나! 빨리 어른이 되어 공부하라는 소리 안 들었으면 좋겠어' 라고 생각할 수 있다.

위의 경우 부모와 자녀에게 공히 잘못이라고 할 수도 있지만 한편으로 잘못이 없다고도 할 수 있다. 왜냐하면 정해진 정답은 없기 때문이다.

대안 찾기

첫 번째, 부모가 자녀의 입장이 되어 생각해보려고 노력해야 한다. 부모와 아이의 입장이 다를 수밖에 없다. 우선적으로 특히 부모가 아이를 이해하려고 노력해야 하는데, 아이와 갈등이 더 심해지면 자녀는 부모가 의도하는 방향과 더욱 멀어지기 때문이다. 특히 서둘지 않는 것이 무엇보다도 중요하다.

두 번째, 작은 일에도 칭찬을 아끼지 않아야 한다. 부정적인 지시 일변도를 칭찬 위주로 바꾸어 보자. 아이에게 무조건적인 칭찬보다 자신감이 생기도록 의욕을 북돋우고 작은 일에도 칭찬을 하자. 그리고 부모의 지시가 100% 스트레스를 주는 것은 아니라는 것도 부각시키자.

세 번째, 실천하는 것은 자녀라는 생각을 가져야 한다. 부모가 아무리 의욕이 있고 적극적이라고 해도 자녀가 적극적으로 임하지 않으면 성과를 내기 어렵다. 요구를 최소화하는 노력이 필요하고 매사를 일방적으로 지시하기보다 자녀와 협의(공부시간, 일과표, 학원선택 등)하자. 가능하면 아이가 원하는 쪽으로 수용해야 아이가 만족감과 성취감을 얻게 되어 매사에 의욕을 가지게 되는 계기가 된다.

네 번째, 아무리 급해도 돌아가는게 빠를 수 있다. 아이가 부족한 것이 많다고 서둘면 그만큼 실패율이 높아진다. 우수한 아이들보다 기초와 시간단위 학습 능력이 떨어지고 집중력도 낮기 때문이다. 급할수록 천천히 시작하자. 실패만 하지 않으면 머지않아 가속도가 붙게 되어 원하는 목표에 도달할 수 있다.

다섯 번째, 아이의 개성과 적성을 파악해야 한다. 일반적으로 아이와 공부로 인해 문제가 되는데 아이의 개성에 따라 차별화된 공부를 시킨다면 생각의 폭은 매우 넓어진다. 일부 학자들은 학교 공부로 성공할 수 있는 확률은 2%에도 미치지 못한다고 말하고 있다. 그래서 미래는 주목을 받지 못하는 틈새 분야(서비스, 예체능 등)가 노력하는 만큼 각광 받을 것이라고 예측하고 있다.

여섯 번째, 아이와 부모의 미래를 생각하자. 우선적인 것은 아이와 부모와의 관계가 끊을래야 끊을 수 없는 혈육 관계라는 것이다. 특히 중고등생 자녀와 갈등이 지나쳐서 부모와의 관계가 원만하지 못하면 인격 형성에도, 정서적으로도, 인간관계에도 문제가 발생하며 서로 크나큰 상처를 받아 돌이킬 수 없는 결과를 초래할 수 있다. 부모로서 자녀를 사랑하는 것 만큼 관심을 가지고 아이의 입장을 깊이 생각해 본다면 아이를 이해하는데 도움이 될 수 있을 것이다. 무엇보다도 중요한 것은 부모가 사랑과 믿음으로 자녀를 대해야 한다는 것이다.

일곱 번째, 아이와 원만한 관계를 만들고 원하는 성과를 내려면 학습 계획표를 만들자. 공부로 인해 발생하는 문제를 줄이는 것은 생활계획표를 세우고 그에 따라 생활하게 하면 자녀와의 갈등을 최소화할 수 있는데 도움이 된다. 특히 생체리듬을 감안한 학습 커리큘럼을 세우면 단기간에 성과를 극대화시킬 수 있다.

학생이름 :   /   학교   반   **겨울 방학 맞춤식 학습계획표**   (취약한 기술 과목에 비중을 둔 계획임)

일일학습 점검표

일	일	1차 아침학습	과목	학습내용	2차 오전학습	과목	학습내용	3차 오후학습	과목	학습내용	4차 야간학습	과목	학습내용	실천사항 1차	2차	3차	4차	보충일	학부모	기타
27	월	6:20 ~ 6:50	도덕	교과서 3단원까지 색인	10:00~11:30	기술	범위내 교과서 정독	3:00 ~ 4:30	사회	문제교과서에 표시하기	9:00 ~ 10:00	음악	교과서 3단원까지 색인							
28	화	6:20 ~ 6:50	사회	교과서 2단원까지 색인	10:00~11:30	사회	범위내 교과서 정독	3:00 ~ 4:30	기술	문제교과서에 표시하기	9:00 ~ 10:00	사회	교과서 2단원까지 색인							
29	수	6:20 ~ 6:50	기술	교과서 2단원까지 색인	10:00~11:30	도덕	범위내 교과서 정독	3:00 ~ 4:30	사회	문제교과서에 표시하기	9:00 ~ 10:00	과학	교과서 2단원까지 색인							
30	목	6:20 ~ 6:50	사회	교과서 3단원까지 색인	10:00~11:30	사회	범위내 교과서 정독	3:00 ~ 4:30	기술	문제교과서에 표시하기	9:00 ~ 10:00	사회	교과서 3단원까지 색인							
31	금	6:20 ~ 6:50	기술	교과서 3단원 색인	10:00~11:30	기술	범위내 교과서 정독	3:00 ~ 4:30	기술	문제교과서에 표시하기	9:00 ~ 10:00	과학	교과서 3단원 색인							
1	토	6:20 ~ 6:50	기술	교과서 1~2단원 색인	10:00~11:30	사회	범위내 교과서 정독	3:00 ~ 4:30	사회	문제교과서에 표시하기	9:00 ~ 10:00	과학	교과서 1~2단원 색인							
2	일	6:20 ~ 6:50	사회	범위내 교과서 정독	10:00~11:30	기술	범위내 교과서 정독	3:00 ~ 4:30	도덕	문제교과서에 표시하기	9:00 ~ 10:00	사회	범위내 교과서 정독							
3	월	6:20 ~ 6:50	기술	범위내 교과서 정독	10:00~11:30	기술	범위내 교과서 정독	3:00 ~ 4:30	사회	문제교과서에 표시하기	9:00 ~ 10:00	과학	범위내 교과서 정독							
4	화	6:20 ~ 6:50	기술	범위내 교과서 정독	10:00~11:30	사회	범위내 교과서 정독	3:00 ~ 4:30	도덕	문제교과서에 표시하기	9:00 ~ 10:00	사회	범위내 교과서 정독							
5	수	6:20 ~ 6:50	사회	범위내 교과서 정독	10:00~11:30	기술	범위내 교과서 정독	3:00 ~ 4:30	사회	문제교과서에 표시하기	9:00 ~ 10:00	과학	범위내 교과서 정독							
6	목	6:20 ~ 6:50	기술	범위내 교과서 정독	10:00~11:30	기술	범위내 교과서 정독	3:00 ~ 4:30	기술	문제교과서에 표시하기	9:00 ~ 10:00	사회	범위내 교과서 정독							
7	금	6:20 ~ 6:50	사회	범위내 교과서 정독	10:00~11:30	사회	범위내 교과서 정독	3:00 ~ 4:30	도덕	문제교과서에 표시하기	9:00 ~ 10:00	사회	범위내 교과서 정독							
8	토	6:20 ~ 6:50	기술	범위내 교과서 정독	10:00~11:30	기술	범위내 교과서 정독	3:00 ~ 4:30	사회	문제교과서에 표시하기	9:00 ~ 10:00	과학	범위내 교과서 정독							
9	일	6:20 ~ 6:50	기술	문제집 1단원 찾기	10:00~11:30	사회	못찾은 범위 읽고 다시찾기	3:00 ~ 4:30	사회	문제교과서에 표시하기	9:00 ~ 10:00	과학	문제집 1단원 찾기							
10	월	6:20 ~ 6:50	사회	문제집 1단원 찾기	10:00~11:30	기술	못찾은 범위 읽고 다시찾기	3:00 ~ 4:30	도덕	문제교과서에 표시하기	9:00 ~ 10:00	사회	문제집 1단원 찾기							
11	화	6:20 ~ 6:50	도덕	문제집 1단원 찾기	10:00~11:30	기술	못찾은 범위 읽고 다시찾기	3:00 ~ 4:30	사회	문제교과서에 표시하기	9:00 ~ 10:00	음악	문제집 1단원 찾기							
12	수	6:20 ~ 6:50	사회	문제집 1단원 찾기	10:00~11:30	사회	못찾은 범위 읽고 다시찾기	3:00 ~ 4:30	기술	문제교과서에 표시하기	9:00 ~ 10:00	사회	문제집 1단원 찾기							
13	목	6:20 ~ 6:50	도덕	문제집 2단원 찾기	10:00~11:30	도덕	못찾은 범위 읽고 다시찾기	3:00 ~ 4:30	사회	문제교과서에 표시하기	9:00 ~ 10:00	음악	문제집 2단원 찾기							
14	금	6:20 ~ 6:50	사회	문제집 2단원 찾기	10:00~11:30	사회	못찾은 범위 읽고 다시찾기	3:00 ~ 4:30	도덕	문제교과서에 표시하기	9:00 ~ 10:00	사회	문제집 2단원 찾기							
15	토	6:20 ~ 6:50	기술	문제집 2단원 찾기	10:00~11:30	도덕	못찾은 범위 읽고 다시찾기	3:00 ~ 4:30	사회	문제교과서에 표시하기	9:00 ~ 10:00	과학	문제집 2단원 찾기							
16	일	6:20 ~ 6:50	사회	문제집 3단원 찾기	10:00~11:30	사회	못찾은 범위 읽고 다시찾기	3:00 ~ 4:30	기술	문제교과서에 표시하기	9:00 ~ 10:00	사회	문제집 3단원 찾기							
17	월	6:20 ~ 6:50	도덕	문제집 2단원 찾기	10:00~11:30	기술	못찾은 범위 읽고 다시찾기	3:00 ~ 4:30	사회	문제교과서에 표시하기	9:00 ~ 10:00	음악	문제집 2단원 찾기							
18	화	6:20 ~ 6:50	사회	문제집 1단원 찾기	10:00~11:30	사회	못찾은 범위 읽고 다시찾기	3:00 ~ 4:30	도덕	문제교과서에 표시하기	9:00 ~ 10:00	사회	문제집 1단원 찾기							
19	수	6:20 ~ 6:50	도덕	문제집 전체 찾기	10:00~11:30	도덕	못찾은 범위 읽고 다시찾기	3:00 ~ 4:30	사회	문제교과서에 표시하기	9:00 ~ 10:00	음악	문제집 전체 찾기							
20	목	6:20 ~ 6:50	사회	문제집 전체 찾기	10:00~11:30	사회	못찾은 범위 읽고 다시찾기	3:00 ~ 4:30	기술	문제교과서에 표시하기	9:00 ~ 10:00	사회	문제집 전체 찾기							
21	금	6:20 ~ 6:50	기술	문제집 1, 2단원 찾기	10:00~11:30	도덕	못찾은 범위 읽고 다시찾기	3:00 ~ 4:30	사회	문제교과서에 표시하기	9:00 ~ 10:00	과학	문제집 1, 2단원 찾기							
22	토	6:20 ~ 6:50	사회	문제집 2단원 찾기	10:00~11:30	사회	못찾은 범위 읽고 다시찾기	3:00 ~ 4:30	기술	문제교과서에 표시하기	9:00 ~ 10:00	사회	문제집 전체 찾기							
23	일	6:20 ~ 6:50	도덕	문제집 전체 찾기	10:00~11:30	기술	못찾은 범위 읽고 다시찾기	3:00 ~ 4:30	기술	문제교과서에 표시하기	9:00 ~ 10:00	음악	문제집 전체 찾기							
24	월	6:20 ~ 6:50	사회	문제집 전체 찾기	10:00~11:30	사회	못찾은 범위 읽고 다시찾기	3:00 ~ 4:30	사회	문제교과서에 표시하기	9:00 ~ 10:00	사회	문제집 전체 찾기							
25	화	6:20 ~ 6:50	기술	문제집 2단원 찾기	10:00~11:30	도덕	못찾은 범위 읽고 다시찾기	3:00 ~ 4:30	기술	문제교과서에 표시하기	9:00 ~ 10:00	과학	문제집 2단원 찾기							
26	수	6:20 ~ 6:50	사회	문제집 2단원 찾기	10:00~11:30	사회	못찾은 범위 읽고 다시찾기	3:00 ~ 4:30	기술	문제교과서에 표시하기	9:00 ~ 10:00	사회	문제집 2단원 찾기							

거짓말을 밥먹듯 하는 아이 무엇이 문제일까?

거짓말이라는 용어 자체는 부정적인 면이 많지만 우리 생활과 뗄래야 뗄 수 없는 긴밀한 관계를 가지고 있다. 거짓말은 일반적으로 해서 안 되는 것이 분명하지만 선의의 거짓말이라는 미명아래 거짓말이 죄라고 생각하지 않고 너무나 자연스럽게 하는 것이 현실이다. 그러나 거짓말로 상대에게 치명적인 영향을 미치는 경우가 상당한데 사회 지도층의 경우, 한마디의 거짓말로 인해 조직 또는 사회에서 매장당하는 경우도 많다. 부모가 가장 싫어하는 것 중 하나는 아이가 밥먹듯이 하는 거짓말 때문에 결국은 자녀를 불신하는 경우로 발전해서 불화의 원인이 된다.

거짓말의 가장 큰 문제점은 신뢰를 떨어뜨려 상대방을 믿을 수 없게 되어 인간관계에 치명적인 문제가 발생한다는 것이다. 거짓말을 하게 되는 동기는 단순하고 순수할 수 있으나 점점 눈덩어리처럼 커지면서 본인은 느끼지 못하다가 나중에는 심각한 문제를 불러오게 된다.

자녀의 거짓말! 언제부터 시작되었고 이유와 원인은 무엇일까?

우리 아이 거짓말 어디서부터 시작되었을까?

결론은 불리함과 유리함을 느끼기 시작한 시점부터라고 할 수 있다. 예를 들어 유치원 시절 엄마가 외출하고 동생과 단 둘이 있는데 실수로 아빠가 소중히 여기는 도자기를 깨뜨려서 혼이 날까봐 전전 긍긍하고 있다.

외출에서 돌아온 엄마가 깨진 도자기를 보고 눈이 휘동그래지며 아이에게 "네가 도자기 깨뜨렸지? 너는 이제 아빠에게 혼났다. 아빠가 얼마나 소중히 여기시는건데…."라며 소리를 지르고 호통을 친다. 아이를 공포에 떨게 하며 아이가 어디 다친데는 없는지 살펴볼 생각도 안하고 소름끼치는 공포감만을 조성한다.

Bad

도자기를 깨고 놀랜 아이는

아이　(엉겁결에) 제가 안그랬어요.

엄마　그럼 누가 그랬어? 네가 아니면 누구야 그럼 동생(말도 제대로 못하는 2~3살 된 동생)이 그랬다는 거야?

아이　(버벅거리며)맞아요. 내가 화장실에 있는데 깨지는 소리가 나서 나와 보니 깨졌있었어요.

엄마　말도 안돼!

아이　정말이에요

엄마　그럼 어떻게 해!(라며 발을 동동구르며 안타까워한다.)

도자기를 깨고 놀랜 아이는

엄마   안 다쳤니? 그래 다행이다. 다쳤으면 어쩔뻔했어! 많이 놀랬지. 조심해야지. 그래 어쩌다 그랬니!

아이   화장실에서 나오는데…. 동생이 바닥에 우유를 흘린걸 밟아서 미끄러져 도자기 받침을 발로 차게되어 깨졌어요. 죄송해요 엄마! 내가 조심했어야 했는데….

엄마   (거짓말인줄 알지만) 동생이 우유를 흘린게 원인이었구나! 어리니까 네가 이해해라 응! 야단났구나? 아빠가 아끼시는 건데, 아빠가 많이 속상해하고 화내시겠다.

아이   아빠가 나를 때리시지 않을까요?

엄마   그러기야 하시겠니? 엄마가 말 잘해줄게. 걱정하지마!

아이   엄마! 다음부터 조심하고 엄마 말씀 잘들을게요.

엄마   알았어! 엄마가 아빠에게 말 잘해볼게 많이 혼내지는 않겠지만 그래도 조금은 혼날 생각은 해야해. 알았지? 아빠가 워낙 소중하게 생각하신거니까. 생각보다 화를 많이 낼 수도 있을거야. 동생보다 나이 많고 이해심도 많고 착한 네가 이해하면 어떨까?

아이   엄마, 사실은 동생이 아니고 제 잘못으로 도자기를 깨뜨렸어요.

엄마   (안아주며) 그래? 사실대로 말해줘서 고맙다. 착한 우리 아이 앞으로 잘하면 돼! (라며 마무리 한다.)

아이   네. 다음부터는 공부 열심히 하고 말썽부리지도 않고 동생과도 잘 놀아 줄게요.

아이는 거짓말로 잘못에 대해 면죄부를 받고 위기에서 벗어나기 위해 애꿎은 동생에게 누명을 씌운다. 그로인해 도자기 잃고 아이에게 거짓말을 하는 습관을 들이는 계기가 되었다. 어차피 깨진 도자기인데….

거짓말의 원인 제공은 부모다

거짓말은 임기응변이라고 할 수 있다. 위급한 상황을 모면하기 위해 임시방편으로 활용하는 것이 거짓말이다. 자녀가 거짓말을 하게되는 주된 원인은 주로 부모가 제공한다. 이와같이 말하면 어떤 부모들은 의아해 하거나 화를 내기도 한다. 하지만 거짓말은 비단 아이들만의 문제가 아니다. 아이들보다는 오히려 부모가 아이들에게 원인을 제공했거나 하고 있는 경우가 상당히 많기 때문이다.

대개 아이들의 거짓말은 아이를 에워싼 주위 환경 즉, 가정 환경에 영향을 받는다. 아이의 가정 환경을 주도하고 아이와 가장 많이 접촉하는 사람이 부모이며 그중에서도 엄마이다. 백지 상태나 마찬가지인 아이는 부모의 행동과 언행을 보고 따라하면서 자신의 지식으로 받아들인다. 그래서 언어, 행동 등은 부모를 닮을 수밖에 없으며 부모를 알려면 아이를 보고 아이를 알려면 부모를 보라는 말이 있는 것도 우연은 아니다.

부모가 아이에게 아무 생각없이 거짓말을 시키기도 한다. 예컨대 "엄마 찾는 전화오면 엄마 없다고 해라", "○○하면 ○○사줄께" 등 일상 생활 속에 거짓말이 자주 발생된다. 또한 "엄마 말 안 들으면 버리고 간다.", "말 안들으면 밥 안준다. 용돈 안준다. 100대 때린다. 쫓아낸다. 잠 재우지 않겠다" 등 무수히 많은 말을 한다. 하지만 약속을 어겼을시 어떻게 하겠다는 벌까지 얘기하고는 대부분 엄포로 끝나고 만다. 결국 아이는 약속의 참의미도 잃고 소중하게 생각하지 않게 되어 급기야 밥 먹듯이 약속을 하고 어기는 과정을 반복한다. 그러니 부모의 지시도 가볍게 여기게 되고 아이도 모방을 하게되며 급기야 부모에 대한 존경심도 사라지게 될 수 있다.

특히 과자, 장난감, 놀이공원, 옷, 게임기 등을 사주겠다고 약속을 하고 잘 지키지 않는 경우가 비일비재하다. 더욱이 아이가 생고집을 피울 때 일시적으로 달래기 위해 순간적으로 아이의 요구를 들어준다고 말을 하고는 지키지 않는다. 이처럼 일상 생활 속에서 자녀에게 한 약속 즉 체벌, 포상을 지키지 않고 무심히 넘어가는 경우가 결국 거짓말을 만들고 이런 일들이 일상이 되어 잘못이라는 개념없이 흔하게 벌어지고 있다.

왜 우리 아이는 거짓말을 할까?

① 책임감 회피와 위기를 면하기 위해

부모가 엄하거나 학교 선생님이 엄한 경우다. 자기 잘못을 덮어버리기 위해 아무 말도 듣지 못했다고 넘어가거나 조금밖에 안하고 다했다고 둘러댄다.

② 남에게 과시하기 위해

주위 친구나 아는 사람들에게 자신을 과시(보호)하기 위해 성적, 운동, 싸움, 한턱내기 등으로 과시하려는 습성이 있다.

③ 일상적인 습관으로

자신에게 조금이라도 유리하거나 불리하면 자신도 모르게 스스럼없이 거짓말을 하는 경우다.

아이의 거짓말하는 습관을 고치기 위해 필요한 요소

첫 번째, 거짓말을 할 수 있는 환경을 조성하지 않도록 노력해야 한다. 거짓말은 위기를 순간적으로 모면하려는 목적과 자신을 드러내는데 주로 쓰인다. 아이를 무조건 혼내거나 무리한 요구를 하지 말고 다소의 잘못은 이해하려는 분위기가 조성되어야 한다.

두 번째, 귀찮다고 속아주지 말고 짚고 넘어가자. 대다수 부모들은 아이의 말에 의심이 가거나 진의를 파악할 수 없거나, 거짓말이라 느껴져도 골치가 아플 것 같으면 신경쓰거나 다투기 싫어(부모의 편의를 위해)한다. 그래서 인심쓰듯 "그래, 내가 알고도 속는다"라는 말로 부모 자신의 무능력을 합리화시킨다. 부모의 역할은 우선 잘못을 지적하는 것이다. 원칙적으로 알고 속아주는 일은 없어야 하는데 부모의 존경심과도 연계된다.

세 번째, 아이에게 거짓말의 부정적인 면을 이해시키자. 아이가 거짓말을 하면 행위를 꾸짖는 경우가 많은데 행위보다 거짓말 자체를 꾸짖어야 한다. 거짓말 자체가 나쁜 것이라는 것을 인식시켜준다면 거짓말을 하는 행위가 줄어들 수 있다.

네 번째, 먼저 부모가 아이에게 거짓말을 하지 않도록 노력하자. 아이의 거짓말은 부모를 보고 배웠다고 할 수 있다. 아이의 거짓말을 고치기 위해서는 부모부터 모범을 보이는 것이 중요하다. 부모는 거짓말을 하면서 아이에게는 거짓말을 하지 말라고 하면 앞뒤가 맞지 않는다.

다섯 번째, 아이의 심리와 생각을 이해하려고 노력해야 한다. 아이의 마음 상태를 이해하려고 노력하고 거짓의 부정적인 부분은 거론하되 너무 엄격하게 하지말자. 지나치면 두려움에 떨면서 순간을 모면하기 위해 다시 거짓말을 하게 된다. 그래서 극단적인 체벌보다 외출금지, 용돈 삭감, 게임시간 줄이기, 외식금지 등으로 서서히 규제하는 방법을 취한다.

여섯 번째, 규칙을 만들어 부모와 아이가 함께 지킨다. 아이의 거짓말을 줄이기 위해 규칙을 정하는데 이때는 부모도 같이 규칙에 따라야 한다. 부모가 개선하지 않으면 아이도 개선될 수 없기 때문이다. 부모가 규칙을 어길 때는 용돈 인상, 선물 사주기, 외식 등 아이에게 내려지는 벌칙을 해제하는 내용과 반대로 자녀가 어길시에는 주 2회 이상이면 부모 아이 공히 일요일(외출을 제한해 통제가 가능하기 때문) 점심을 굶는 등 규칙을 정해 실시하면 상당한 효과를 볼 수 있다.

말수가 적은 아이 무엇이 문제일까?

학부모와 상담을 하면서 애매하게 느끼는 것이 많다. 그중에서도 아이가 집에만 오면 입을 딱 닫는다며 고민하는 학부모를 접하는 일이다. 공부로 인한 고민은 해결이 쉬운 반면 말을 하지 않는 아이의 경우는 해결(원인 파악, 대안 마련)에 어려움을 겪는다. 말수가 적거나 없는 경우는 선천적일 수도 있으나 후천적인 경우에는 문제 해결이 더 어려운데 말을 하지 않기 때문에 원인 파악이 어렵다.

이런 문제는 주변에서 쉽게 찾아 볼 수가 있다. 그런데 문제 발생시 진행 상황을 파악할 수 없기 때문에 대처할 수 없어 상당한 문제를 야기시킨다. 말썽도 부리지 않고, 속도 썩이지 않던 아이가 갑자기 가출, 반항, 갈등 등으로 이어지기도 하는데 대부분 내성적인 성격으로 말이 적은 아이들에게 나타난다.

아이와의 원만한 대화(커뮤니케이션)는 자녀의 미래에도 상당한 영향을 미치기 때문에 원인 파악이 무엇보다 중요하므로 이를 위해 필요한 사항을 우선 알아보자.

　첫 번째, 말(대화)의 중요성을 인지하자. 대부분의 가정에서 자녀와의 대화에 대해 깊은 관심을 가지지 않는 경우가 많다. 이는 부모들이 먼저 대화의 필요성과 중요성을 느끼지 못하기 때문이다. 정보화 사회에서 적응하기 위해서 나의 의견을 전달하고 상대방을 이해시키고 내가 필요한 정보를 입수하고 활용하기 위해서 커뮤니케이션은 필수이다. 이러한 커뮤니케이션은 바로 가정에서 시작되는 것이다.

　두 번째, 아이의 현재 상태를 파악한다. 아이의 커뮤니케이션 능력에 문제가 없는지 엄마나 아빠가 파악하는 것이 중요하다. 대화를 통해 아이가 부모(타인)에게 의사를 정확하게 전달하고 이해시키는 능력이 있는지, 없는지를 객관적으로 파악한다. 우선 아이의 이야기를 이해할 수 있는지(있다면 어느 정도인지), 버벅거리지는 않는지(답답해서 중단시키지는 않았는지), 말하기를 좋아하는지를 생각해 본다.

　세 번째, 선천적인지, 후천적인지 알아보아야 한다. 원인을 알아야 개선할 수 있으므로 특히 선천적으로 말이 없는지, 성장하는 과정에서 말이 없어졌는지가 파악이 되면 개선을 위한 방안 마련에 유리하다. 초·중학생이라면 초등학교 입학 전의 아이 상태를 기억해 보면 파악할 수 있다.

　그리고 후천적인 원인은 크게 두 가지를 생각해 볼 수 있는데 하나는 가정 환경 때문으로 엄격하고 권위적인 가정에서 성장하는 경우 아이에게 의사 표현을 차단하고 일방적인 지시 위주로 일관하는데 그 원인이 있다. 아이가 말(의사표현)을 하려고 하면 "버릇이 없다", "어른이 말하는데 말대꾸 하지마라", "남자는 입이 무거워야해! 듣기만 해!" 등의 가정 분위기에서 일관되게 성장한 경우가 이에 속한다.

공부와 관련된 문제로 성적이 부진한 경우 매사에 자신감을 잃고, 꾸중을 자주 받아 말할 기회(학습질문시 무안 당하는 등)도 박탈당하기도 한다. 말을 해도 주위에서 열심히 들어주지도 않고 오히려 꾸중을 듣는 경우가 많다보면 말하는 것에 대해 두려움과 필요성을 느끼지 않게 되어 말하는 능력을 상실하게 된다.

그리고 다른 하나는 4~8세 전후로 아이가 호기심이 왕성한 시기에 쓸데없는 질문(수준이하, 남녀 생식기, 애매한 내용)이라 면박을 주는 경우다. 또는 부모가 모르는 내용을 질문했을 때 무안을 주었거나 무시, 면박을 주는 등 엄마, 아빠가 질문하는 아이에게 다정하게 대하지 않았을 때 발생되는 경우가 많다.

네 번째, 내부 가정 환경을 파악한다. 부모의 성격이 중요한 작용을 하는데 부부간, 부모와 자식간 대화를 즐기는 가정과 대화가 없는 가정은 아이의 말하는 능력에 상당한 차이를 보인다. 만약 부모가 조용하고 말이 없는 성격이라면 아이의 언어 능력도 떨어지고 말이 없는 아이가 될 가능성이 많다.

위와 같은 원인이 파악되면 아이에게 말문을 트이게 하는 노력이 시작되어야 한다. 닫힌 말문을 트이게 하는 과정은 상당한 시간과 노력이 필요하다. 예컨대 성적이 부진한 아이의 경우는 대화 내용이 더 문제가 될 수 있는데 부모는 공부(성적)에만 관심을 가지려고 하지만 아이는 공부 외적인 내용을 대화의 주제로 삼기 때문에 대화가 더 어려울 수 있다.

말문을 트이게 하려면 다음과 같은 내용을 참고할 필요가 있다.

대안 찾기

무엇보다 중요한 것은 자녀에게 애정을 확인시키는 일이다. 가족간 대화는 애정이 전제되어야 한다. 애정이 없으면 대화 욕구가 일어나지 않기 때문에 부모가 아이와 대화를 하려면 애정을 확인하는 시간을 같이 가져야 한다. 그러므로 작은 일에도 칭찬하며 스킨쉽과 같이 애정 표현을 자주하여야 한다.

그리고 이때 밝은 표정으로 아이를 대해서 편안하게 해줘야 하는 사길 또한 잊지 말아야 한다. 엄마, 아빠의 밝은 표정은 아이에게 안정감을 주고 긴장을 완화시키게 된다. 나아가 부모는 두려운 존재라기보다 의지하고 기댈 수 있는 존재로 생각하게 되어 대화를 유도할 수 있다.

또 하나 주의해야 할 점은 성급하게 효과를 보려고 하지 않아야 한다는 사실이다. 오래된 만성병은 고치기 어렵듯이 말문을 닫은 아이가 마음을 열고 말문을 열기까지는 상당한 시간이 소요된다. 급하게 서둘거나 효과가 미미하다고 아이를 윽박지르거나, 초조해하면 실패할 가능성이 많다. 가능하면 아이가 말을 하면 들어주고 부모는 경청하는 자세가 필요하다. 즉 대화 1·2·3 방법을 활용하여 1분 자녀에게 말하고, 2분 자녀의 말을 듣고, 3분 공감(그랬어? 그래서 좋았겠다!, 놀랐겠다. 와! 재미있겠다, 신났겠구나, 힘들었겠다 등)해 주는 방법이 좋다.

대화는 마음먹는다고 쉽게 이루어지는 것이 아니다. 오히려 구체적으로 계획을 세우고 시작하면 경직되어서 대화가 단순한 질의, 응답으로 전락하고 만다. 대화는 생활 속에서 자연스럽게 이루어져야 하며, 부모가 원하는 대화 내용보다 아이가 원하거나 할 수 있는 내용을 대화의 주제로 선정하는데 주로 공부 외적인 것을 화제로 선정한다.

그래서 인위적으로 말문을 열 기회를 만들어야 하는데 이때는 아이가 말할 때 진지하게 잘 들어주려고 노력한다. 아무리 바쁘더라도 아이가 질문을 하거나 대화를 시도하면 사안을 떠나 대화를 요청한 상태이므로 만사를 제처두고 진정성을 가지고 동의하고 질문하는 등 성의를 다해 응한다. “그랬구나, 좋았겠다”, “대단한걸? 정말 좋았겠네”, “어떻게 그럴 수 있냐? 속상했겠구나”라는 식으로 적극적으로 맞장구를 쳐줘야 한다.

또한 아이와 하루에 있었던 일을 정기적으로 얘기한다. 그래서 아이와 엄마가 매일 일상을 이야기하는 시간을 만드는데 즉, 아이는 학교에서 있었던 일을, 엄마는 가정에서 있었던 청소, 요리, 방문객, 독서 내용 등을 허심탄회하게 이야기하는 시간을 만든다.

대개 중·고등학생들은 부모들과 학교나 친구들의 말에 대해 말을 잘하지 않으려는 경향이 있다. 하지만 궁금한 쪽은 부모들이므로 친구의 근황이나 담임 선생님, 학교 행사 등에 대해 묻거나 오늘 좋았던 일에 대해서도 같이 대화를 나누는 쪽으로 유도하자.

아이와 주 1~2회 쇼핑을 하면서 구입할 상품에 대해 의견을 나누어 대화량을 증가시키고 가정에서 좋아하는 요리를 가르쳐 주거나 같이 만들면 실질적인 대화가 가능해진다.

식사 시간이야 말로 아이와 대화를 위한 소재가 무궁무진한 공간인데 음식맛, 가짓수, 엄마의 수고, 먹는 모습, 아이 안부, 먹고 싶은 것 등에 대한 것을 화제로 올릴 수 있어 좋다. 식사 시간은 침묵으로 일관하고 밥만 먹는 시간이 아닌 대화를 위한 장으로 만들어야 하는 것은 유일하게 가족이 함께 만나는 공간이기 때문이다.

마지막으로 아이와 한적한 공간을 함께 만든다. 산책, 운동, 피크닉,

산행 등을 통해 자녀와 소통의 기회를 인위적으로 만드는 것이 좋다. 특히 가족이 함께하는 밤낚시, 인적이 드문 계곡에서 야영 또는 가족여행을 하면 아이와 대화가 수월해진다. 처음에는 어렸을 때를 회상하며 기억을 떠올리게 하여 가능한 한 즐거웠던 일들을 가지고 대화를 하면 서서히 마음의 문을 열게하는 계기를 마련할 수 있다.

초기에는 말문을 열게 하는데 목적이 있으므로 대화의 질이 아니라 양에 치중해야 한다. 그 이유는 많은 대화로 경계심을 풀 때 고민이나 고통스러운 것 등 자녀의 실질적인 생각에 접근할 수 있기 때문이며 특히 대화 중 자녀에게 실망스러운 면이 보이더라도 꾸중하거나 실망하는 태도를 보이면 다시 예전으로 돌아가기 쉽기 때문에 주의해야 한다.

아이는 왜
내가 싫어하는 행동을 할까?

사회 생활을 할 때 대인관계에서 벌어지는 트러블은 어쩔 수 없는 일일지 모른다. 성장 과정도 다르고 성격, 취미, 성향도 다르며 대부분 이익이 전제된 만남이므로 당연히 겪게 되는 문제이다. 하지만 서로의 노력을 통해 원만한 관계를 유지하기도 하고 때에 따라서 극단적인 상황이 벌어져 서로 등을 돌리는 경우도 많다.

이처럼 사회에서 만난 관계라면 경우에 따라 만남이 지속되거나, 헤어질 수도 있지만 부모와 자식처럼 혈연으로 맺어진 관계는 단절이 불가능하다는 점이 문제이다. 대부분 학부모들이 필자에게 털어놓는 하소연은 자신은 아이의 교육과 양육을 위해 여러가지 일을 하면서 허리띠를 졸라매고 과외 등을 시키면서 최선을 다하는데 아이가 도대체 말도 듣지 않고 부모가 싫어하는 행동만 골라서 한다고 푸념을 늘어 놓는 것이다.

왜 이런 문제가 발생할까? 사람은 기본적으로 나에게 이익, 도움, 사랑을 주는 대상에게 부정적인 행동이나 싫어하는 행동보다 좋아하는 행동으로 보답하려는 것이 인지상정이다. 세상에서 자신을 가장 사랑하며 길러주고 보살펴 주는 부모님! 그 부모님이 가장 싫어하는 행동을 한다는 것은 이성적으로 이해되지 않는다. 그러나 현실적으로 발생하고 있다는 점이 문제인 것이다. 또한 역설적으로 과거의 학부모 역시도 지금의 아이들처럼 그 길을 걸어온 것이 사실이다.

학부모가 되고서야 이런 것들을 하나 둘씩 깨어가고 있지만 매일매일 자라는 우리 아이들을 지켜보노라면 그냥 답답하기만 하다. 내 아이는 잘 자랄것이라는 믿음을 무너뜨리듯 말이다. 왜, 말도 안 되는 일이 발생하는 걸까? 아이는 부모에게 왜 그릇된 행동을 하는 걸까? 생리적으로 자녀는 부모가 원하는 것과 반하는 행동을 하도록 프로그램화되어 있는 것일까? 그도 아니면 부모를 미워하고 원망하기 때문에 복수를 하기 위한 행동의 일부일까?

여기서 아이 입장이 되어 부모가 자식에게 사랑으로 달콤한 것만 주고 있다고 생각하고 있는지를 곰곰이 살펴 볼 필요가 있다.

부모와 아이는 하루를 어떻게 보낼까? 아이는 부모를 힘들게 하는 만큼 행복하게 시간을 보낼까? 전혀 그렇지 않다는데 문제가 있다. 아이는 부모로 인해 극단적인 고통을 받고 있고, 부모 역시 자녀로 인해 스트레스를 받고 있다. 서로 추구하는 것이 현저히 다르기 때문에 나타나는 현상으로 과정을 보면 아이의 행동도 그렇고 부모의 짜증도 당연하다고 생각된다. 어떤 학부모는 필자의 주장에 황당하고 터무니없고 이해할 수 없다며 화를 낼 수도 있겠지만 분명한 사실이다.

잠시 거울을 생각해자. 거울은 있는 현상 그대로를 보여준다. 아이가 부모의 행동에 반하는 행동을 하는 것은 부모에게 받은 것을 그대로 돌려주고 있는 중이라고 할 수 있다.

자! 여기서 이해를 돕기 위해 필자의 설문 결과의 일부를 살펴보도록
하자.

1	내가 가장 하고 싶은 것 1가지만 쓰세요.

1위 - 실컷 질리도록 놀기 18.4% 2위 - 공부 잘하는 것 17.4% 3위 - 컴퓨터 게임하기 15.2%

2	내가 부모님께 가장 듣고 싶은 말 1가지를 쓰세요.

1위 - 참 잘했다 36.1% 2위 - 하고 싶은 것 마음껏 해라 5.9% 3위 - 이리와 용돈 줄게 5.1%

3	내가 가장 듣기 싫은 말 1가지만 쓰세요.

1위 - 잔소리 (공부해라, 왜 그러니 등) 45.5% 2위 - 남과 비교 23.5% 3위 - 컴퓨터 꺼 18.2%

4	내가 가장 하기 싫은 것 1가지만 쓰세요.

1위 - 공부하기 65.1% 2위 - 시험보기 19.6% 3위 - 컴퓨터하는 시간 줄이기 9.4%

▶ 본 자료는 2008년 서울, 대전, 부산에 거주하는 초, 중생 1,000명을 대상으로 알아본 설문 중 일부입니다.

위 설문 결과를 보면 왜 아이가 부모가 싫어하는 행동을 하는지 알 수
있지 않을까?

엄마, 아빠는 가정에서 지금까지 아이들이 가장 싫어하는 말만 끊임
없이 하고 아이들이 좋아하는 말인 "참 잘했다"라는 말을 1년에 몇 번이
나 했는지 곰곰히 생각해 볼 필요가 있다. 물론 칭찬은 잘한 일이 있을
때 하는 것이기 때문에 잘한 것이 없는데 어떻게 칭찬을 하느냐는 반문
을 할 수도 있다. 하지만 아이들 역시도 한참 자라는 나이이니 그냥 마구
놀고 싶고 또 대견하리 만큼 공부도 잘하고픈 마음을 가지고 생활하고
있는 것이다. 하지만 가정의 현실은 언제나 '잔소리! 잔소리! 또 잔소리'

로 이어지는 환경에서 마음 아파하고 갈등하고 있다는 것을 기억하자.

아이의 입장은 어떨까?

중학교 2학년인 은진이의 하소연

부모님이 나에게 하시는 말씀은 100% 내가 가장 하기 싫어하고 못하는 공부만 하라고 하신다. 안한다고 하면 혼나기 때문에 안할 수도 없는데 학교에서도 억지로 공부하고, 학원에서는 숙제 안해 왔다고 혼나고, 수업태도가 안 좋다고(친구가 먼저 시비를 걸어서 싸운건데) 혼나고, 집에서 해오라고 숙제도 잔뜩 내주고 어딜가나 혼나는 일 뿐이라 정말 하기 싫다.

집에 가면 내가 좋아하는 게임, TV 시청 좀 하고 학교, 학원 숙제를 하려고 했는데 집에 온지 10분도 되지 않았는데 그만 놀고 공부하라고 하신다. 보던 것 조금만 더 보고 하려는데 부모님이 소리부터 지르시면 정말 나도 화가 난다. 내가 무슨 공부하는 기계인가?

꾸중을 듣고 공부하려니 집중도 안되고, 답답해 한숨을 쉬고 있거나, 하기 싫어 억지로 하면 왜 열심히 하지 않느냐고 소리를 치신다. 부모님도 내가 마음에 안들지 모르지만 나도 부모님이 정말 싫다. 내가 무엇을 해도 칭찬은 들은 적 한번 없고 열심히 해라. 다 너를 위해서다. 게임하지 말고, TV 보지 말고, 성적 올랐을 때는 아무 말 없고, 떨어지거나 제자리면 죽음이다. 나보다 못하는 아이들도 많은데....

아이의 입장이 되어 생각해보면 잠자는 시간 빼고는 공부의 스트레스에서 벗어나지 못해 항상 머리가 아픈데 엄마, 아빠는 언제나 아이가 가장 싫어하는 말만 골라서 하고 끊임없이 괴롭힌다. 하루도 빠짐없이 잔소리(공부해라. 넌 왜 그러니 등)하고, 남과 비교하고, 아이들이 좋아하는 것은 절대 못하게 하는 그런 말만 반복하는 부모를 보면서 아이들은 "정말 나는 잘하는 것이 하나도 없을까? 칭찬은 언제 들었나? 1년에 몇 번이나 들었을까?"라는 생각을 할 수 밖에 없게 된다.

더 나아가서 "우리 엄마, 아빠는 나를 괴롭히기 위해 존재하고, 나를 괴롭히는 것으로 행복을 느끼실까? 나를 미워하지는 않을까? 나를 미워하지 않으면 이럴 수 없어, 내가 이렇게 힘든데, 힘들어 죽을 것 같은데, 집과 부모님 얼굴만 생각하면 가슴이 두근거리고 심장이 멎을 것만 같은데…"처럼 극단적으로도 생각하게 된다.

부모의 얼굴만 봐도, 어쩌다 눈이 마주치기만 해도, 아무런 말이 없어도, 밥 먹을 때도, 심지어는 부모가 다른 방에 있어도 언제 공부하라는 추궁을 당할지 몰라 가시방석에 앉은 듯이 스트레스를 받는다. 그래서 한순간도 편하지 않으며 잠들기 전에 공부 때문에 혼이 나야 편안한 마음으로 잠자리에 들 것이다.

부모는 왜 아이가 싫어하는 잔소리를 지치지도 않고 끊임없이 할 수 밖에 없을까?

부모의 입장은 어떨까?

엄마, 아빠는 아이가 싫어하는 것만 요구하는 이유가 무엇일까? 그것은 자녀의 미래만을 생각하고 최고만을 생각하기 때문에 좀처럼 만족하지 못하고 남보다 공부를 열심히 해야 부모가 원하는 능력을 아이가 가질 수 있다고 생각하는 것이 아닐까?

아이의 상황은 전혀 고려하지 않고 부모가 생각하는 대로 '너를 위해서'라는 미명아래 아이를 양육하고 있다. 아이의 입장은 전혀 고려치 않고 부모가 독촉할수록, 스트레스를 줄수록, 필요성을 인지시킬수록, 노력을 하면 할수록 성적이 향상된다고 생각하는 듯하다.

과연 그럴까? 부모의 성화에 견디다 못해 반항도, 거부도 해보지만 불가능하다는 생각이 밑바탕에 깔린 채 하는 척하고 흉내만 내는데 급급하지는 않을까? 아이에게 불가능한 것을 강요하고 있지는 않은지 생각해 보아야 하지 않을까? 부모의 학창시절을 생각해보면 아이의 마음을 충분히 이해할 수 있을 것이다. 부모도 아이와 똑같은 학창 시절을 겪었을 것이기 때문이다.

부모와 아이가 원하는 것이 현저히 다르기 때문에 문제가 발생한다. 부모는 우등생(1등, 상위권)이나 우등생처럼 공부를 많이 하기를 원하면서 단기간에 성적 향상을 당연하다는 듯이 생각하고 독촉한다. 그에 반해 아이는 30분만 공부해도 머리가 터질 것 같아 최악의 상태를 벗어나기 위한 몸부림이 신경질, 나아가 부모의 지시를 거부하는 듯하지만 실질적으로 따지고 보면 아이는 단순히 거부를 하는게 아니라 현실적으로 능력이 안되어 이행을 할 수 없는 상태인데 부모의 욕심이 너무 앞서나가 결국은 우리 아이들을 강압, 협박, 체벌 등으로 이어지고 있는 것이 현실이다.

아이를 이해하려고 노력할 때 특히 아이를 이해하기 위해 설문 내용을 잘 되짚어보면서 아이들이 싫어하는 것을 줄이려고 노력할 때 해결의 실마리는 풀리기 시작한다.

아이가
왜 생기가 없을까?

요즘에는 아이의 얼굴에 생기가 없고 식물인간같다고 걱정하는 학부모들이 기하급수적으로 증가하고 있으며 걱정을 태산같이 한다. 특이한 것은 아이의 얼굴에 관심을 가지는 부모일수록 그 아이의 성적이 우수한 경우가 많다는 것이다.

얼굴과 성적은 어떤 관계가 있을까? 얼굴에 그토록 관심을 가지는 이유가 무엇일까? 필자가 우연히 관상에 관한 책을 접했는데 상당히 흥미로웠다. 사람의 얼굴을 보면 길흉사, 성격, 건강, 미래까지 파악할 수 있다고 한다. 그리고 얼굴의 눈, 코, 입, 귀, 이마 등은 오장육부의 작용으로 만들어진 것이기 때문에 얼굴은 종합건강진단 결과표와 같다했다. 외형을 보고 얻는 정보를 감각 정보라고 하는데 아이의 얼굴을 보고 아이 상태를 파악할 수 있는 부모는 감각 정보에 민감한 분이라고 할 수 있다. 아이 얼굴을 보고 근심하는 부모일수록 그 아이 성적이 우수한 것은 어쩌면 당연하다고 할 수 있다. 아이의 얼굴을 보고 아이의 전체를 파악해 그에 따른 대처를 빠르게 해 왔기 때문이다.

부모가 감각 정보를 통해 아이를 파악할 수 있어야 사춘기 고민이나 성적 문제, 기타 속 고민으로 문제가 있을때 겉으로 표현을 하지 않는 아이를 파악하고 대처하기 위해서 필수라고 할 수 있다. 간혹 아이의 얼굴이 감정을 잘 나타내지 않는 경우가 있는데 전형적인 무뚝뚝함으로 가족 전체가 굳은 표정이 습관화된 듯한 가족같은 경우는 더욱 어려움을 겪기도 한다.

오늘부터라도 아이의 얼굴을 보고 감각 정보를 얻으려는 노력이 필요하다. 또한 얻은 정보를 통해 아이가 안고 있는 속 문제 해결을 위해 노력할 때 원하는 아이로 성장시킬 수 있을 것이다.

감각정보를 통해 아이를 파악하려면

① 눈과 입을 살핀다.

사람의 얼굴에서 유일하게 움직일 수 있는 부분이 눈과 입으로 즐거우면 눈이 옆으로 가늘게 늘어지고, 화가나면 위로 치켜 올라간다. 또 입은 웃으면 입꼬리가 양쪽 귀를 향하고 화가 나면 일그러진다.

② 음성으로 판단한다.

음성이 밝고 힘차고 청아하고(콧소리도 포함) 자주 말을 하는지 파악한다.

③ 얼굴색으로 판단한다.

얼굴이 밝고 홍조를 띠며 윤택이 있는지, 푸석하고 창백하며 윤기가 없는지 파악한다.

④ 발걸음으로 판단한다.

발걸음이 힘이 없고(조심스럽게 생각할 수도 있음) 보폭도 적고, 힘없게 걷는지 파악한다.

⑤ 식성으로 판단한다.

거리낌없이 남의 눈치를 보지 않고 편하게(예의 없게 보일 수 있음) 그리고 게걸스럽게 양껏 먹는지 파악한다.

⑥ 의사 표현으로 판단한다.

용돈, 외식 등 요구사항을 끝까지 관철시키려고 하는 정도를 살펴본다.

아이의 얼굴을 생기발랄하게 바꾸는 방법

① 건강상태를 점검한다.

전문의의 진단과 검사를 통해 아이의 건강상태를 체크한다.

② 아이와의 관계를 복원한다.

좌지우지(부모 마음대로)에서 벗어나 역지사지 입장에서 진정성을 가지고 아이를 이해하려고 노력한다.

③ 친구관계를 원만하게 한다.

아이의 친구를 무조건 나쁘다고 하지말고 집으로 초대하는 등 호의를 보인다.

④ 학교 생활에 활력을 불어 넣는다.

선생님을 통해 아이를 파악하고 칭찬으로 얼어붙은 마음에 훈기를 불어넣어 마음을 녹여 주려고 노력한다.

⑤ 정신적인 안정을 취하게 한다.

아이에게 바라고 있는 기대치를 가능하면 최소화시키자. 현재 상
태를 정상이라고 생각하며 이제 출발 선상에 있는 아이에게 격려
와 성원을 보낸다.

⑥ 성적에 너무 집착하지 않는다.

아이의 얼굴이 어두운 것은 성적으로 인한 스트레스가 많은 경우
다. 성적이 부진한 경우 우등생보다 더 많은 스트레스에 시달리며
열등감에 휩싸이고 자신감도 잃게 된다.

⑦ 칭찬을 자주한다.

칭찬은 모든 문제를 일거에 해결할 수 있을 만큼 중요하다. 칭찬은
식물인간이 된 아이에게 일순간 생기를 불어넣을 수 있기 때문이
다. 동일한 칭찬을 반복하면 아부가 되거나 칭찬의 효과도 급격히
떨어져 소기의 효과를 거두기 어렵다.

두리뭉실하게 "우리 ○○는 예뻐", "참 착해" 등과 같은 말을 남발
하면 대수롭지 않게 받아들이며 또 '마음에도 없는 말을 하네' 라
며 별로 반가워하지 않는다. 칭찬의 효과를 극대화 시키려면 자녀
에게 때와 장소 그리고 아이의 행동에 맞게 적절한 칭찬을 할 수
있어야 한다.

우리 아이의 쓸데없는 짓 계속 두고 봐야하나? I

아이 때문에 받는 스트레스 중 첫 번째로 꼽는 것이 "공부하라고 하면 꼭 다른 짓을 한다"고 속상해 하는 경우이다. 학부모들이 하는 얘기는 수십 번을 독촉하거나 혼을 내서 공부하라고 방에 들여보내면 공부는 하지 않고 엉뚱한 행동을 하니 속이 터진다는 것이다. 책상에 앉아서 낙서하기, 볼펜 열어보고, 책꽂이를 뒤적거리고, 콧구멍 파기, 넋 나간 듯이 창밖을 멍하게 바라보고, 만화책을 보거나, 수시로 물 먹으로 나오는 등 도저히 공부할 자세가 되어 있지 않다고 하소연한다.

이런 아이의 행동에 대해 생각해 봅시다. 왜 그럴까? 아마도 아이가 원하는 것이 다르기 때문이 아닐까도 한번 생각해 볼 필요가 있다. 부모는 공부 밖에는 관심이 없는데 아이는 공부 외적인 것에만 관심을 두고 있기 때문이 아닐까요? 아니면 혹시 아이가 공부를 할 수 있는 지적 능력이 없기 때문이 아닐까요?

공부 안한다고 꾸중을 듣고 방에 들어간 아이의 예를 보자.

꾸중을 듣고 방에 들어간 우진

우진　(엄마에게 공부안하고 게임만 한다고 혼나고 방에 공부하려고 들어 왔는데 영 공부할 마음이 나지 않고 자꾸 짜증만 난다.)

엄마　(게임만 하는 것을 보다 참지 못하고 공부하라며 방으로 쫓았지만 우진이 생각만 하면 벌컥 화가 난다.)

우진　(공부하려고 문제집을 펼치고 연습장을 찾아 펴려고 하니 연습장 표지에 내가 좋아하는 가수 ○○의 사진이 있는데 정말~ 멋있다.)

엄마　(공부하라고 우진이를 방으로 보냈지만 공부를 하고 있는지 확인하고 싶어 아이 몰래 살금살금 다가가 방문을 활짝 열었다. 그리고 큰소리로) 너, 공부 안하고 뭐하고 있어?

우진　아이! 깜짝이야. 엄마 뭐하는 거야? 노크도 안하고 무식하게.

엄마　뭐, 무식! 너, 공부하라고 했더니 뭐하고 있어? 너, 공부 안하고 딴 짓할 줄 알았어! 내가 노크했으면 공부하는 척 했겠지? 그런걸 알면서 왜 노크를 해! (라고 큰소리치며 몰아부친다.)

우진　안 그래도 이제 공부하려고 했어.

엄마　말이 되는 소리를 해! 네가 언제 알아서 공부 한적 있어?

우진　아니야. 공부하려고 연습장을 펴려고 하는데 내가 좋아하는 가수 ○○의 사진이 보여서 쳐다본 것 뿐이야. 엄마도 알잖아. 내가 좋아하는 가수가 ○○라는 것을.

엄마　엄마가 방문을 열지 않았으면, 넌 언제 공부할지 몰라.

우진　엄마가 그러니까 내가 더 공부하기 싫어지잖아.

엄마　시끄러워! 빨리 공부나해!

우진　엄마, 나가세요!

엄마　왜 나가래?

우진　공부하라면서요. 엄마가 있으면 신경 쓰인단 말이야.

엄마	공부도 못하면서 까다롭기는. 도대체 누구를 닮았는지... (궁시렁 궁시렁거리며 나간다.)
우진	아! 짜증나. 기분망쳐 버렸어! (다시 연필, 문제집, 방의 액자 등을 바라보며 마음을 가라앉힌다.)

이번에는 회사에 근무 중인 우진이 아빠로부터 전화를 받은 우진이 엄마의 예를 보도록 하자.

집으로 걸려온 전화 한 통 '따르릉~'

엄마	"여보세요"
아빠	"당신이야? 난데"
엄마	"무슨 일이에요? 집에 전화도 다 하고"
아빠	"음, 다른게 아니고 밥맛도 없고 해서..."
엄마	(외식을 하자는 소리인지 알고 기대하면서 다음 말을 기다린다.)
아빠	"오늘 저녁에 입맛을 돋우는 뭐 맛있는 것 좀 해달라고"
엄마	(짜증내는 목소리로)"갑자기 그러면 어떻게 하라고. 집에 아무 것도 없는데….”
아빠	"아니야. 집에 있는 것으로 만들어봐! 당신 요리솜씨 최고잖아, 부탁해!" (라며 황급히 끊는다.)
엄마	"갑자기 전화해서 음식을 만들라고 하면 어쩌자는 거야, 그냥 간단하게 외식이나 하지. 시간도 별로 없는데 무얼 하나? 밥 좀 안 먹고 살순 없나? 하기 싫어 죽겠네" (라고 중얼거리면서 먼 산도 한번 바라보고, 행주도 주물럭거리고, 쌀통도 한번 열어 보고, 냉장고를 바라보며

무엇이 있나 생각해 보고, 남편이 무엇을 좋아하는지 생각해도 언뜻 떠오르지 않아서 얄미운 남편의 얼굴만 떠올리며 온갖 잡생각만 하게 된다.)

"매일하는 밥이지만 왜 할 때마다 짜증이 나는지 몰라. 왜 식사 준비를 하려고 하면 짜증만 나는지 몰라. 무엇을 해야 할지도 모르겠고, 맛있다는 소리는 하지 않고, 하기 싫은 것 정성껏 만들어도 맛있다는 소리보다 맛없다는 소리나 하고….

정말 밥 좀 안하고 살수 없나? 에이그~ 내 팔자야. 그래. 그 양반이 좋아하는 된장찌개나 얼큰히 끓여서 밥 먹지 뭐!" (라며 식사 준비를 하기 시작한다.)

우진이와 엄마의 공통점을 알아보자

① 시작하기 전에 짜증을 많이 낸다.

하기 싫은 것을 해야 할 때 짜증을 먼저 낸다. 자신이 해야한다는 것을 알지만 일단 거부부터 한다.

② 시작하는데 시간이 제법 걸린다.

공부나 저녁 밥을 짓기 시작하는데 상당한 시간이 걸린다. 자신의 마음을 잡지 못해 갈등하다가 가까스로 마음을 굳힌다.

③ 현실을 탓한다.

자신에게 주어진 미션에 거부감을 나타내지만 현실을 외면하지 못하고 억지로 임하게 된다.

대안 찾기

먼저 아이의 소리를 마음을 열고 들을 수 있어야 한다. 꾸중으로 일관하기보다 부모의 지시를 무시하고 쓸데없는 짓을 하는지 먼저 곰곰히 생각해 보자. 왜 그러한 행동을 하는지 아이의 생각을 들어보는 것이 중요하다. 이때 절대 화를 내서는 안된다.

그리고 신체 리듬을 이해해야 한다. 기차는 제동거리가 길어 육안으로 위험을 감지할 때는 이미 제동이 늦어 대형사고를 유발하는데 이를 관성이라고 한다. 달리는 속도에 진행하려는 관성, 차체 무게 등으로 인해 제동거리가 길기 때문이라고 하는데 자동차 사고도 이에 속한다.

공부가 정적인 것이라면 게임 등 공부 외적인 것은 대부분 동적이다. 동적인 상태에서 아이의 마음이 정적으로 변해 공부를 하려면 일순간이 아니라 일정한 시간이 필요하다. 빠른 안정이 그만큼 중요하다는 것을 의미한다. 즉, 좋아하는 것에서 싫어하는 것으로의 변화는 시간을 필요하다. 누구나 자신이 싫어하는 일을 하라는 지시를 받으면 일단 거부의 몸짓을 취한다. 불가피하게 해야 한다는 판단이 서면 짜증, 답답함같은 심리적 불안정이 생겨서 마음을 컨트롤하지 못한다. 4계절이 변하는데도 중간과정이 존재하는 것처럼 공부에 집중할 수 있는 마음도 서서히 바뀐다.

특히 하기 싫은 공부를 해야 하는 아이의 심적 상태를 이해하려는 적극적인 노력이 필요하다. 식단을 차리는 방법을 이미 알고 있고 또 수십 년 반복해온 엄마도 하기 싫은 식사 준비를 할 때 난감한과 곤혹스러움, 짜증으로 스트레스를 받는데 하물며 철도 들지 않고 성적도 좋지 않고 이해도 되지 않는 공부를 억지로 해야 하는 아이의 입장을 역지사지로 생각해 보자.

공부할 수 있는 단계(뜸)로 빨리 진행하게 하려면 사전에 예고해서 마음의 준비를 하게 하는 것이 중요하다. 직접적인 방법으로 아이의 일과표를 만들어 일과표에 의해 생활하는 것이다. 일과표란 하루에 아이가 해야할 일(공부, 휴식, 식사, 잠자기, 게임, TV 시청 등)을 정해 놓고 그에 따라 실천하면 거부감을 최소화 할 수 있다. 그렇기 때문에 공부할 내용을 구체적으로 정해 준다.

우등생과 열등생의 차이는 자신이 해야 할 일과 하지 말아야 하는 일을 구분 못하는 것이며 나아가 배운 것에 대해 아는 것과 모르는 것을 파악하지 못하며 숙제가 끝나면 무엇을 해야 할지 알지 못한다. 그러므로 학습계획표에 그날 해야 할 학습부분을 정확히 제시해 망설임없이 예정된 학습을 하면 공부를 위해 뜸을 들이는 시간을 대폭 줄일 수 있고 거부감이 최소화되어 컨디션도 저하되지 않는다.

우리 아이의 쓸데없는 짓 계속두고 봐야하나? Ⅱ

왜 아이는 부모가 싫어하는 쓸데없는 짓만 할까요? 쓸데없는 짓이란 말을 국어사전에서 찾아 보면 '쓸데없다 – 필요 없다. 소용없다' 로 정의하고 있다.

그런데 '쓸데없다' 라는 판단을 누가하는가? 결국 상대방보다 자신의 입장에서 생각하고 결론내리는데 문제가 있다. 부모 입장에서 보면 아이의 행동이 전혀 쓸데없는 것으로 보일 수 있지만 아이 입장에서 보면 다를 수 있는 것이다. 왜 동일한 내용을 서로 다르게 생각하는 것일까? 그것은 아마도 엄마나 아이가 추구하는 목표가 다르기 때문일 것이다.

부모와 아이가 추구하는 것을 상황에 따라 비교해 보면 다음과 같다.

첫 번째로 현재 마음을 살펴보면 부모의 생각은 공부 열심히 하는 것이다. 자녀의 성적부진에 불만이 많기 때문에 잠시도 쉬지 않고 공부하기를 바라고 있으며 공부하는 것이 지극히 당연하다고 생각한다.

반대로 아이의 생각은 하고 싶은 일을 하는 것이다. 공부를 잘해야 훌륭한 사람이 된다고는 하지만 숙제가 끝났으니 내가 하고 싶은 게임, 만화책 보기, 조립 장난감 만들기, 운동 등 공부 외적인 것을 하고 싶어 한다.

두 번째로 어떤 사고(생각)를 하고 있는가를 살펴보자. 부모의 생각은 아이의 미래에 비중을 둔다. 아이의 미래를 완벽하게 준비하는 것은 공부(공부+출세) 뿐이라고 생각하며 오직 1등이 되어야 만족할 듯한 생각을 한다(1등을 해도 불안하겠지만). 하지만 아이의 생각은 현재를 위주로 생각한다. 아이는 미래를 보는 혜안이 부족하기 때문에 현재의 편안함만을 추구하기도 한다. 또한 흥미가 없는 공부보다 자신이 좋아하는 게임, 만화책 보기, 조립 장난감 만들기, 운동, 노래, 연예인 흉내, 개그맨 등에 흥미를 가진다.

세 번째로 성적 향상 가능성의 부분에서 부모의 생각은 가능하다고 생각한다. 다수의 부모는 성적 부진의 이유가 아이가 노력을 하지 않기 때문이라고 생각하며 지금부터라도 열심히만 하면 만점을 받을 수 있다고 생각한다. 하지만 대부분의 아이들은 우등생을 바라지만 성적이 부진하거나 기초에 문제가 있으면 노력해도 원하는 성적 향상이 불가능하다고 생각해서 우등생(만점, 1등)에 대한 가능성에 비중을 두지 않는다.

앞서 살펴본 것처럼 이러한 원인은 부모가 추구하는 것과 아이가 추구하는 것이 다르다는데 문제가 있다. 자녀의 입장에서 숙제 외에 공부만 하라고 하는 부모를 이해할 수 없다. 공부보다 자신이 좋아하거나 소질이 있다고 생각되는 것을 하면 즐거운데 부모는 맨날 공부만을 강요하는 것이 현실이다. 그러면 과연 공부 외에 아이가 하는 일이 쓸데없는 일일까요? 분명 틀린 말은 아니지만 미래와 자녀의 개성 그리고 행복을 생각한다면 100% 정답이라고 단정하는데는 문제가 있다.

과연 그럴까요? 우리의 최종 목표는 행복과 성공을 원하기 때문이라고 필자는 생각하기 때문이다.

행복과 성공을 위해 필요한 요소

첫 번째, 비전이 있어야 한다. 현재를 기준으로 생각하기보다 아이가 사회 생활을 하게 될 10~20년 후 미래를 생각하자. 미래 직업에 관한 정보를 참고하여 비전이 있는 직업을 미리 파악한다.

두 번째, 아이의 수준과 능력에 맞아야 한다. 미래는 전문가 그룹 2%(공부 극상위 그룹)를 제외하고 나머지는 서비스업에 종사할 것이라고 예상하고 있다. 그렇기 때문에 아이의 개성과 수준을 감안해 어떤 직업을 가져야 할지 결정해야 한다.

세 번째, 아이가 좋아하는 직업을 선택해야 한다. 현재는 과거의 거울이라는 말이 있다. 그것은 과거와 현재의 과정이 미래를 결정한다고 할 수 있다. 좋아하는 일을 하면 행복을 느끼지만 싫어하는 일을 하면 불행해 질 수밖에 없는 것은 하루하루가 모여 일생이 되기 때문이다.

네 번째, 평생할 수 있어야 한다. 성공한 분들의 다수는 한우물만 판 사람이 많은데 어쩌면 당연할 수 있다고 볼 수도 있다. 왜냐하면 그만큼 노하우가 축척되었기 때문이다. 다만 그 노하우는 고난과 역경 그리고 실패의 위기를 뛰어넘을 때 가능하며 극복의 전제 조건은 내가 좋아하는 일이었기 때문이다.

마지막으로 성취감을 느껴야 한다. 현재의 어려움을 참고 견디는 것은 미래에 대한 희망이 있기 때문이다. 그러나 절망하고 좌절하고 포기하는 것은 노력한만큼의 성과 즉, 성취감을 느끼지 못하기 때문이다. 아이가 공부를 열심히 하게 하려면 무엇보다도 노력한 만큼의 성취감을 느끼게 하는 것이 무엇보다도 중요한데 성취감은 앞으로 나가는 추진력을 만들기 때문이다.

위에서 살펴본 요소들에서 부모의 역할은 조언을 하는 수준에서 머물러야 한다는 점을 잊지 말자. 부모는 아이의 인생에 잠시 머물기 때문에 조연이라는 생각을 갖자. 아이가 판단하고 결정하고 시행착오를 겪으면서 성숙해지므로 작은 시행착오를 오히려 겪게 하는 것이 아이 성장에 도움이 된다. 그러나 상당수 부모는 아이의 행동이나 생각이 자신과 맞지 않거나 조금만 불안하게 생각되어도 대신해주거나 꾸중을 하면서 억지로 바로 잡으려 한다. 아이의 미래를 진정으로 생각한다면 조언은 하되 고집을 부리면 작은 시행착오 정도는 모른척 할 필요가 있다.

아이가 하는 행동이 부모에게 쓸데없는 것처럼 보이는 것은 아이의 개성을 파악하지 못한 탓이다. 그러니 아이가 공부에 흥미를 보이지 않는다는 것(중 2기준)으로 생각해야 한다. 아이가 공부(상위권 2% 대열)로 성공할 수 있을지 다시 관찰하고 개성을 찾는 계기로 삼아야 한다.

아이는 행동으로 부모에게 자신의 개성이나 적성 그리고 행복과 성공을 위해 무엇을 하고 싶은지를 보여준다. 부모가 진정으로 아이의 성공과 행복을 위해서 무엇을 해야 할지 고민을 해야 하는데 쓸데없는 짓을 하는 아이의 상태를 파악하고 진단해서 바른 처방을 할 수 있어야 한다. 아이의 행동은 아이의 내면(심리, 컨디션 등)을 나타나는 바로미터가 되기 때문이다.

짜증과 신경질이 많은 아이 왜 그럴까?

학부모 모임이나 상담을 통해 자주 거론되는 것 중 하나가 "우리 아이가 인내심도 없고, 짜증과 신경질만 많아요. 다른 사람에게는 그렇지 않는데, 나만 보면 신경질부터 내고 스트레스를 푸는 듯해서 속상해 죽겠어요. 초등학교에 입학하면서 점점 더 심해요."라는 얘기를 하며 속상해 한다.

아이가 짜증과 신경질로 매사를 시작하는 일이 점점 많아지는 것은 분명 문제이다. 그런 부정적인 습관이 학교 생활은 물론 사회 생활과 아이의 미래 삶에 전체적으로 부정적인 영향을 미칠 수 있다. 그렇다고 예전에는 이러한 유형의 아이가 없었던 것은 아니지만 소수에 지나지 않았다. 그 증상도 심하지 않았으며 아이가 성장을 하면서 좋아지는 경향을 보였는데 지금은 그대로 지속되는 비율이 높다는 것이다.

짜증과 신경질이 특정한 사안에 따라 발생하면 문제가 되지 않을 수 있다. 그런데 대수롭지 않는 경우에도 민감하게 반응하기를 반복하면 습관이 되고 습관이 된 후에는 교정에 상당히 어려움을 겪게 된다.

사회생활에서 문제

① 업무 수행 능력이 떨어진다.

② 조직 생활의 적응력이 약하다.

③ 순발력이 약하다.

④ 부정적으로 각인되기 쉽다.

부작용을 최소화하는 교정법

① 일단 긍정적으로 생각한다.

급격한 정신적 성장으로 생각이 깊고, 판단하고, 좌절하고, 자신을 비판하는 등 스스로 스트레스를 만들면서 해소하고 또 만드는 과정을 반복하고 있다는 증거로 볼 수 있다. 성장 과정상 시간이 지나면서 소멸되고 생성되는 과정을 반복하므로 여유를 가지고 지켜보며 이해하려는 자세를 가지는 것이 좋다.

② 편안한 분위기를 만든다.

자신이 어려울 때 편안하게 생각하는 친구, 애인, 카운슬러 등에게 정신적, 육체적으로 어려운 상황을 얘기하며 위로와 해답을 찾듯이 부모를 그런 편한 대화상대로 생각하도록 만들어야 한다.

③ 긴장을 해소시킨다.

짜증과 신경질을 내는 주 원인은 긴장(불안)하고 있기 때문이다. 신경이 날카로워져 있기 때문에 자그마한 사안에도 민감하게 반응한다. 그러므로 아이의 현재 상태를 보고 판단하기보다 긴장하는 요인이 무엇인지를 파악(과제미비, 시험점수, 소중한 것 분실, 왕따, 선생님께 심한 꾸중, 이성문제 등)하는데 주력하고 그에 따른 적절한 대책을 수립한다.

④ 부모의 권위를 세운다.

아이가 부모를 생각할 때 자신보다 낮은 위치에 있다고 생각하기 때문에 아이가 부모를 무시하고 종 부리듯 한다. 아이의 부정적인 습관을 고치려면 부모의 권위를 하루 빨리 찾아야 한다.

⑤ 이기적인 경향을 교정한다.

아이에게 항상 자신이 원하는 것과 하고 싶었던 것을 어려움 없이 허락하여 가정에서 서열 1순위로 알고 성장했기 때문에 남에 대한 배려가 약하다. 그렇기 때문에 아이의 행동을 냉정하게 평가해 칭찬과 꾸중을 병행해야 한다.

⑥ 정신력과 체력을 기른다.

아이에게 강한 정신력을 요구하기에는 무리가 따른다. 다만 조금만 참고 해야할 일을 할 수 있도록 격려하고 칭찬하도록 한다. 그리고 등산이나 농구, 축구, 줄넘기 등 아이와 함께 몸으로 부딪치는 운동을 통해 친밀감과 체력 증강을 도모한다.

⑦ 교육 수준이 높은 경우가 장애가 될 수도 있다.

부모가 교육 수준이 높은 경우 아이를 훌륭하게 키우기 위해 각종 세미나에 참가하면서 아이 교육에 대한 다양한 정보를 여과없이 적용시키면서 혼란을 겪는 경우가 상당하다. 위와 같은 문제를 방지하기 위해 아이의 개성과 수준을 감안한 뚜렷한 교육관을 확립해야 한다.

⑧ 엄격하게 지도한다.

아이가 해야 할 일(공부)과 삼가해야 할 것을 정해서 지킬 수 있도록 엄격하게 지도할 때 자제력, 책임감, 인내심 등이 배양된다.

⑨ 단체 생활을 많이 해본다.

더욱 많은 단체 활동의 참가나 리더(책임자)로서의 임무부여도 이해의 폭을 넓히고 자기 중심적인 생각을 바꿀 수 있다.

아이의 신경질과 짜증은 자제력, 인내심, 사고력 부족에서 나타나는 현상이다. 아이에게 평상시 부족함을 느끼지 않게 풍족히 양육하였는데 그 원인이 있다. 아이의 요구를 100% 들어주거나 특히 미리 알아서 해주어도 안된다.

아이의 요구를 70~80% 정도만 들어주어 20~30% 정도 부족한 것을 스스로 채우기 위해 노력하도록 유도한다. 특히 아이가 원하는 것을 노력해 채워지는 동안 기다릴 줄도 알고, 화가 나면 자신을 자제하고 자신을 컨트롤 할 수 있는 통제력도 익히기 된다. 결국 짜증과 신경질은 선천적이기보다 후천적이며 성장 과정(가정교육)에 따라 지대한 영향을 받는다.

고집불통인 우리아이 무엇이 문제일까?

부모라면 누구나 아이가 바르고 훌륭하게 성장하기를 바란다. 그래서 아낌없이 자녀 교육을 위해 모든 것을 쏟아붓는다. 사교육 광풍이 부는 것도 어쩌면 사랑하는 아이의 미래를 위하는 부모가 많다는 것을 입증하는 당연한 현상이라고 할 수 있다. 다만 자녀의 개성과 능력에 적절한지가 문제일 뿐이다.

수년 전부터 아이의 문제에 대한 상담 내용이 다양화되고 있는데 아이가 고집불통이라고 걱정을 하는 부모들이 많다는 것이다. 고집불통은 한번 주장하거나 요구를 하면 끝까지 관철시키는 것인데, 상당수 부모들은 이를 부정적으로 생각하는 경향이 있다. 한 번은 중학교 2학년인 아들을 둔 한 어머니가 아들의 고집 때문에 죽을 맛이라고 걱정을 했는데 아이가 한번 하겠다고 하거나 하기 싫다는 것을 억지로 시키면 끝까지 하지 않아서 체벌을 하고 용돈을 줄이고 해도 소용이 없고 사달라는 것을 사주지 않으면 단식투쟁을 하면서까지 속을 썩인다는 것이었다.

중학교 2학년 아들의 단식투쟁 (반석차 7등)

여름 방학 1개월 전부터 방학하면 일식 요리학원을 다니게 해달라고 떼를 써서 지금까지 엄마와 갈등이 심해진 상태로 아이와 전쟁을 하고 있다고 한다.

엄마와 아들의 대화

아들 엄마 나 공부 열심히 할테니까? 요리학원 좀 보내주세요.

엄마 학생이 공부를 해야지! 무슨 요리야?

아들 요리가 재미있고, 요리에 소질있다고 엄마도 그랬잖아요.

엄마 요리에 소질은 있지만 지금은 공부해야해! 조금만 열심히 하면 2~3 등은 할 수 있어. 방학이 절호의 기회야!

아들 지난 겨울방학 때는 이번 여름방학 때 허락한다고 했잖아요. 약속은 지켜요. 엄마.

엄마 그랬는데.... 아빠가 안된다고 하고 성적도 올려야 하고... 아무튼 안돼!

아들 허락해 주지 않으면 밥도 안 먹고 학원도 안 갈거야. (라며 단호하게 애기한다.)

엄마 어쨌든 안돼! 난 몰라. 밥을 먹든, 안 먹든 알아서 하고 요리학원은 하늘이 반쪽나도 안돼!

아들 내가 하고 싶은 것 마음대로 해주게 하는 것을 못 봤어.

엄마 결국에는 지금까지 네가 하고 싶은 것 다했잖아! 바둑, 롤러브레이드, 해병캠프, P.C 방 알바 등 다했잖아! 이번에는 아무리 고집을 부려도 절대로 안돼.

아들 그렇다고 성적이 떨어진 건 아니잖아요.

엄마 그렇다고 오른 것도 아니잖아?

부모의 시각에서 보면 저런 아이는 모범생은 아니라고 생각할 수 있는데 그렇다고 과연 문제아일까요?

다양한 유형의 아이들

① 리모트 컨트롤형

부모의 지시에 순종하고 다소곳하며 예의 바르고 말썽을 피우지 않기 때문에 착한 아이로 생각하며 부모가 선호한다.

② 고집 불통형

자신의 생각이 우선으로 부모의 지시가 부당하거나 자신에게 손해라는 생각이 들면 지시를 거부하거나 모르는 척 하고 자신이 하고 싶은 것을 하려는 경향이 강하기 때문에 대부분 부담스러워 한다.

③ 모범생형

성실하고 공부도 잘하고 부모 속을 썩이지 않고 남에게 피해를 주지도 않는 아이를 일컫는다.

④ 모범생+고집불통형

양자를 겸한 형으로 생각할 수 있는데 아이가 부모 마음에 들었다가, 안 들었다가 한다.

⑤ 기타 유형

위에 제시한 어느 유형에도 속하지 않는 경우로 가장 많은 그룹이라고 할 수 있다.

위와 같을 때 부모가 선호하는 아이의 유형을 선택하라고 하면 대부분 ①, ③을 선택한다. ①, ③의 특징은 부모의 지시에 순응하면서 말썽도 안 피우고, 예의 바르고, 공부를 잘 한다는 특징을 가진다. 그러나 과연 탁월한 선택일까요?

시대에 따라 아이의 교육도 변해야 하는데 상당수의 부모가 농경시대 마인드로 고전적인 교육을 하려고 한다는 것이다. 우리는 지금 원시시대, 농경시대, 산업시대를 거쳐 정보화 시대를 살고 있다는 사실을 까먹고 사는 듯하다.

정보화 사회에서 유형별 성공 가능성

① 리모트 컨트롤형

긍정적인 면이 많은 것은 사실이나 급변하는 정보화시대를 대비하는데 문제가 있다. 하고 싶은 게 있거나 갖고 싶은 게 있어도 속으로 삼키면서 부모의 말에 무조건 순중하면서 부모 말을 거스르는 것은 꿈에도 생각하지 못한다. 이러한 유형의 아이라면 주체성을 확립시켜줄 필요가 있다.

② 고집 불통형

고집을 부정적이라고 단정하는 것은 문제가 있다. 정보화 시대, 전문가 시대는 자신이 좋아하는 것에 평생을 투자할 수 있어야 남보다 우위에 설 수 있으므로 고집(신념과 집념)이 필요하다. 고집을 부정적으로만 생각해서는 안된다.

③ 모범생형

긍정적이기는 하나 너무 순종적이어도 문제가 있다. 자신의 적성과 특기 만들기에 주력하며 공부로 성공할 수 있는지 자녀를 파악하고 맞춤식 미래를 제시해야 한다.

④ 모범생형+고집불통형

양자를 겸한 형으로 이상적이라고 할 수 있다. 자신의 능력과 적성을 파악하고 있으며 부모의 의사에 반하는 행동을 하는 것은 자신만의 확고한 주관을 가지고 있다고 볼 수도 있으므로 고집을 부정적으로 판단하기보다 긍정적으로 보아야 한다.

⑤ 기타 유형

위에 제시한 유형에 속하지 않는 경우로 가장 많은 그룹이라고 할 수 있다. 50%대를 차지하는 그룹으로 교육의 질에 따라 방향이 결정되는 그룹이다.

아이의 성격이 단순해서인지, 뚜렷한 주관 때문인지를 파악하는 것이 중요하다. 고집이 있다는 것은 주관이 있다는 것이며 주관이 있다는 것은 생각이 깊고 판단할 능력이 있다는 것으로 그것은 곧 정상적으로 아이가 성장하고 있는 과정이라는 것을 의미한다. 그러므로 아이의 주장을 아이의 입장에서 깊이 생각해보고 전문가와 상담하는 등의 방법을 통해 문제를 해결하고 아이가 자기가 하고 싶은 일을 하면서 행복하기를 원한다면 가능하면 아이가 원하는 대로 경험을 쌓게 하면서 시행 착오도 겪게하는 등 성숙의 계기로 삼아야 한다.

아이 눈치
언제까지 **봐야**하나?

　눈치라는 용어는 긍정적이기보다 부정적으로 생각하는 경향이 많고 별로 좋지 않다는 선입견을 가지고 있다. 눈치를 본다는 것은 남에 대한 배려보다 자기 방어적인 경향이 강하며 자기 보호의 수단으로 활용하는 경우가 흔하다. 자기보다 높은 서열의 사람들에게 두려움을 느끼는 것이라고 볼 수도 있다.

　그러나 근래에는 자신보다 낮은 서열이라고 볼 수 있는 자녀의 눈치를 보는 부모들이 증가하고 있다. 아이와 부모의 관계는 서열이 있다고 단정할 수는 없지만 그래도 부모가 서열이 높다고 생각하고 있고 또 그렇게 행해지고 있다. 부모가 아이의 눈치를 본다? 몇 번을 읽어보고 다른 각도로 생각해 보아도 자연스럽지 않다. 그러나 아이가 부모의 눈치를 본다면 지극히 자연스럽게 느껴지게 된다.

　아이의 눈치를 보느라 스트레스를 받는다고 말하는 부모들이 증가하고 있다는 것은 긍정적으로 작용하기보다 부정적으로 작용할 가능성이 높다. 미숙한 아이에게 모범적인 행동을 하고, 방향을 제시하고, 교육시키고, 부정적인 습관을 교정시켜야할 부모가 거꾸로 아이의 눈치를 본다면 흡사 선장은 허드렛 일을 하고 신참 선원이 나침반도 없이 항해를 하는 것과 같지 않을까?

아이에게 존경을 받아야할 부모가 거꾸로 아이의 눈치를 보며 할 말도 제대로 하지 못하거나 망설이거나, 다 죽어 가는 목소리로 말할 때 아이가 긍정적으로 생각할까? 그렇게 된다면 아이 교육은 끝난 것이나 다를 바 없으며 부모의 자격을 상실한 것과 같다. 단적으로 주인이 주인구실을 못하면 애완용 강아지도 주인을 깔보고 무시하며 급기야 덤비는 것과 다르지 않다.

왜 이런 현상이 발생할까?

무엇보다 아이를 사랑하기 때문에 발생한다. 남녀가 사랑하거나 좋아하면 상대방이 원하는 것은 다 들어주는 것은 물론 원하지 않아도 주고 싶어 안달을 한다. 좋은 이미지를 주려고 최선을 다하는데 심지어 자신이 낳은 아이는 표현할 수 없을 정도로 소중하고 사랑스럽다. 그로인해 가능하면 아이가 힘들어 하거나 싫어하는 일은 시키지 않으려고 하며 아이의 눈치를 보는 현상까지 생긴다.

미래를 보는 혜안이 부족한 아이의 의견을 무조건 존중하는 것이 좋을까? 미래를 준비하는 아이에게 해가 되거나 부정적인 습관에 젖어들 수 있는 요인이 있다면 문제를 제시하고 설득과 교정을 병행해야 하고 안되는 것은 안된다고 단호하게 차단할 수 있어야 한다.

초콜릿은 달콤하고 약은 쓰다. 질병이 있으면 병원을 찾아야 하고 필요하면 주사도 맞아야 하듯이 아이가 좋아하는 것만 하게 할 수는 없다. 자녀의 현재와 미래를 위해 꼭 필요(공부, 건강, 예의)하다면 아이의 눈치를 보지 말고 강제적으로 시킬 수 있을 때 아이도 미래를 위한 준비를 하게 되며 부모를 부모로 인정하게 된다.

시어른 등 주위 환경 때문에 아이 교육을 원만히 못하는 경우도 상당하다. 아이의 장래를 위해 어른들을 설득해서라도 바른 아이로 성장시켜야 하며 어른을 피난처 삼아 아이가 나쁜 언행이나 게으름을 피우려 한다면 단호하게 대처해야 한다. 특히 어른들은 손자 손녀에게 공부를 지독히 시키려는 경우를 탐탁하게 여기지 않는다.

부모는 아이에게 어떤 모습이어야 하나?

아이에게 존경의 대상이 되어야 한다. 그렇게 되기 위해서는 아이에게 해야 할 일과 하지 않아야 할 일만 구별해 엄격하게 통제하면서 칭찬을 병행하면 부모를 존경하게 된다.

그리고 아이를 리드해야 한다. 부모는 아이의 의견이나 주장을 경청하되 냉정하게 판단하고 문제점을 개선하거나 교정시켜야 하며 판단에 확신이 없으면 전문가의 조언을 받는 조치를 취해야 한다.

반면에 때로는 아이의 휴식처가 되어 주어야 한다. 아이가 힘들어 할 때 얘기하고 들어주어 부모를 자신의 편으로 생각하게 해야 하는데 가능하면 통제는 최소화해서 아이의 요구에 NO보다 YES가 월등히 많아야 한다.

그래서 결과적으로 부모는 아이에게 액셀레이터와 브레이크가 되어야 한다. 부모는 아이에게 용기와 희망과 추진력을 주는 액셀레이터가 되고 과속을 하거나 이탈할 때 제어하는 브레이크가 되고, 방향을 잡아주는 핸들 역할을 하는 부모가 되어야 한다.

아이의 눈치를 보면서 그날의 컨디션에 따라 반응하는 부모는 누구나 자신보다 약한 사람을 존경하거나 스승으로 생각하지 않고 깔보며 무시하고 통제하려고 한다. 부모가 아이를 통제하지 않으면 아이에게 통제 당하며, 어렸을 때 자녀에게 통제 능력을 배양해 주지 않으면 자녀는 늙어서 남에게 통제를 받게 되는 삶을 살게 된다.

아이가 훌륭하게 성장하기기를 바란다면 부모가 인생의 가이드가 되어야 한다는 사실은 새삼 재론할 필요가 없다. 아이의 주장, 요구에 경청은 하되 객관적으로 판단하고 분석하여 결정을 내려야 하고 설득과 권위를 통해서라도 잘못된 생각이나 행동을 교정해 주어야 한다.

아이와 진정으로 원만한 관계를 유지하려면 사고력이 정립되기 전에 나쁜 습관을 차단시키고, 해야 할일과 하지 않아야 할 일을 구별하고 실천하게 만드는 것이 중요하다. 선진국은 머리에 지식이 '각인' 되는 7세 이전에 아이 교육을 끝내고 후진국은 초등학교 입학 때쯤 또는 성적에 신경쓰는 10세를 전후해서 교육을 시작한다고 한다. 이미 아이의 머릿속에는 이기적인 성격과 게으름이 몸에 젖어 들었기 때문에 교정이 힘든 이유도 여기에 있다.

아이에게 꾸중은 약이 될까 독이 될까?

인간은 생(生)을 다하는 순간까지 배워도 끝이 없는 미완의 상태로 생을 마감하며 완전한 사람은 세상에 존재하지 않는다고 한다. 하물며 성인도 그런데 아이들은 더 많은 배움이 필요하고 바른길로 인도해야하기 때문에 부모가 영향을 끼치는 경우가 많다.

훌륭한 부모가 아이도 훌륭하게 기르게 되는 것은 어쩌면 당연하다고 볼 수 있으며 훌륭한 위인이나 지도자, 성공한 사람들에게는 대개 훌륭한 부모님이 있다. 그러므로 부모의 훈육은 절대적으로 필요한 요소로 아이에게는 성장의 필수 영양소가 된다. 그러나 최근에 이르러 부모의 훈육이 자녀에게 부정적인 영향을 미치는 경우가 상당하다는 통계를 접하곤 한다. 자녀를 위한 훈육이 오히려 자녀에게 부정적으로 작용한 것으로 아이가 비뚤어지는 경우가 많다고 한다.

현실적으로 교육이 어려운 것은 먼저 시범을 보이고, 말과 행동으로 설명하고, 실천해 보게 하고, 평가하며, 교정해야하는 과정을 거쳐야 하기 때문인데 잘한 것은 아이 탓으로 돌리고, 잘못된 것은 부모의 탓으로 생각하고 개선하려고 노력해야 한다.

학부모들은 '소중한 아이의 미래를 위해서'라는 합리화로 아이가 소극적이거나 지시를 듣지 않으면 꾸중을 한다. 꾸중을 하면서 한마디도 부정적으로 작용할 것이라는 생각을 미처하지 않고 자신이 하는 말 한마디가 모두 약이 될 것이라는 것을 믿고 있다는 것이다. 그러나 같은 꾸중을 해도 받아들이는 아이에 따라, 꾸중을 하는 부모의 꾸중 방법에 따라 결과는 상당한 차이를 보인다는 것을 명심하자.

꾸중이 독(부정적)으로 작용하는 이유를 알아보자

① 자신의 잘못은 생각하지 않는다.
② 꾸중하는 방법이 서툴다.
③ 감정을 앞세운다.
④ 결과만으로 판단한다.
⑤ 부정적인 면만 부각시킨다.
⑥ 남과 비교를 한다.
⑦ 아이의 수준을 생각하지 않는다.
⑧ 대안을 제시하지 않는다.
⑨ 자존심을 손상시킨다.
⑩ 가능성(대안)을 제시하지 않는다.
⑪ 애정 표현을 하지 않는다.

약이 되는 꾸중을 위해 필요한 사항을 알아보자

① 내 잘못이 무엇인지 먼저 생각한다.

백지상태인 아이에게 부모인 내가 그림(최초 지식)을 잘못 그렸을 가능성이 있다. 행동과 말이 다른 경우 즉, 아이에게 교육한 내용과 부모의 행동이 다른 경우를 말하는데 부모가 모범을 보이지 않을 때가 상당히 많다.

② 꾸중하는 방법을 개선한다.

꾸중이 아이에게 독으로 작용했다면 한마디로 꾸중하는 방법을 모르기 때문이다. 직접적인 꾸중을 해야 효과적일 수 있는 반면 모른 척하거나 칭찬이 오히려 더 효과적일 때도 있다. 예를 들어 성적에 문제가 있을 때 낮은 점수를 탓하기보다 "노력은 했는데, 점수가 오르지 않아 속상하겠구나?", "다음에는 이렇게 해보면 어떨까?", "점수가 잘 나와서 좋겠다. 나중에 네가 하고 싶은 일과 관련된 좋은 학교를 갈 수 있어서" 등처럼 말하는 게 좋다.

③ 감정을 앞세우지 않는다.

부정적인 결과가 나타났을 때 또는 아이의 거짓말(이번에는 점수 올린다는 약속)에 또 속았다는 생각에 '이럴 줄 알았다' 며 극단적으로 자녀를 대하는 것을 최대한 자제하고 아이에게 다른 문제가 있었는지 파악한다.

④ 결과만으로 판단하지 않는다.

성적에 긍정적인 변화가 없다면 난이도, 범위, 아이 건강, 시험 준비 기간 등을 고려해 꾸중이 필요한지 확인한다. 그리고 격려와 위로를 먼저하고 꾸중을 하되 정확한 대안을 가지고 아이와 협의하고 가능성을 제시한다.

⑤ 긍정정적인 면을 주로 부각시키고 문제점을 제시한다.

문제가 있다하더라도 개선 가능성을 구체적으로 제시하고 부정적인 결과가 나오게 된 원인과 대안을 제시한다. 이때는 아이의 솔직한 마음을 들어볼 수 있는 분위기를 만들어야 하고 일방적으로 엄마, 아빠의 생각만을 대안으로 제시하기 보다는 아이와 같이 논의해서 결정한다.

⑥ 남과 비교는 긍정적인 부분 위주로 한다.

남과 비교는 아이의 긍정적인 부분을 지적해 동격화시키면서 남보가 잘하는 부분을 중점적으로 칭찬하고 발전 가능성을 제시한다.

⑦ 아이의 수준을 정확하게 판단하고 평가한다.

현재 시험이나 평가에 결과에 기준을 두기보다 아이의 학습수준과 실력을 감안해 결과를 평가한다. 그리고 성적이 부진하더라도 학부모로서의 기대 목표치(대개 상위권 이상)보다는 아이의 현재 실력을 객관적으로 파악하는 것이 중요하다.

⑧ 아이가 실천할 수 있는 대안을 제시한다.

결과를 꾸중하되 긍정적인 결과가 가능할 수 있는 학습 프로그램(학습시간, 학습방법, 임기할 부분, 필기할 부분 등 아이가 쉽게 할 수 있는 프로그램)을 제시하고 논의하고 동의를 구하고 실천할 수 있도록 도와준다. 초기 단계는 쉽게 실천할 수 있도록 계획을 세워 실천에 문제가 없도록 배려해야 한다. 아이의 실제 능력보다 2~3배 이상을 요구해서 쉽게 포기하게 만드는 것보다 현재 능력의 80% 정도만 요구해서 쉽게 실천하게 하면서 학습량을 증가시킨다.

⑨ 자존심을 손상시키지 않는다.

공부가 전부가 아니며 또한 현재 나타나는 학습평가 결과는 인생 전체를 놓고 생각하면 아주 미미한 부분에 불과하다. 아이의 자존심에 상처를 입히는 행위(남 앞에서 꾸중, 인격비하 발언 등)를 하지 않으며, 가능하면 칭찬으로 다가서는 것이 더욱 좋은 해결책이다.

⑩ 충분한 가능성을 제시한다.

현재의 부정적인 결과를 탓하기보다 노력에 의한 가능성을 제시한다. 특히 성적 향상은 저학년때에는 쉽게 나타나서 학부모의 마음을 기쁘게 하지만 중·고등부의 경우는 향상 속도가 늦다는 것도 기억하자.

⑪ 애정 표현을 적극적으로 한다.

꾸중이 약으로 작용하기 위해서는 아이가 왜 혼나는지 알아야 된다. 그러므로 부모는 아이에게 왜 꾸중을 할 수밖에 없는지 이해를 시켜야 한다. 부모는 자식의 불행을 외면할 수 없는 불가피한 관계를 이해시키는데 주력한다.

부모를 어려워하지 않는
아이 어떻게해야 할까?

"아이가 버릇이 없어요", "친구 대하듯이 해요", "꾸중을 해도 듣는둥 마는둥 하고 모른척해요", "부모 어려운줄 몰라요", "부모를 이겨먹으려고 해요", "내가 얼마나 잘해주었는데 은혜도 모르고, 어떻게 하죠? 선생님! 우리 때는 안 그랬는데….."하며 걱정스러운 표정으로 얘기를 하는 학부모들이 많다. 왜 부모에게 부모 대접을 하지 않을까?

삶의 과정에서 관계는 필연적이다. 비즈니스, 주종관계, 사제지간, 친구, 계모임 등 이루 헤아릴 수 없을 만큼 많다. 관계란 경우에 따라 단절이 되기도, 이어지기도 하는데 떨래야 떨 수 없는 관계일 때 문제가 되는데 그것이 곧 혈육 관계라고 할 수 있다.

브레이크 없는 자동차처럼 특히 아이와의 관계 악화는 필연적으로 양자에게 심각한 문제를 남긴다. 아이로 인해 스트레스를 받고 나아가 갈등까지 겪고 있을 때 어떻게 해야 할까? 원인은 어디에 있으며 어떻게 대처해야 하나?

문제점

아이와 커뮤니케이션이 이루어지지 않고 통제를 할 수 없게 되면 문제가 심각해진다. 아이의 성장 과정은 부모의 조언과 꾸중, 칭찬과 더불어 규제와 자유 통제가 병행되어야 할 시기인데 자율, 자유로만 흐를 경우 본능을 억제 하지 못하고 고삐 풀린 망아지처럼 행동하게 된다. 나아가 학생의 본분인 학습(예의)은 멀리하고 게임에만 열중하거나 문제가 있는 친구와 어울리는 등 아이 성장에 심각한 문제를 초래하게 된다.

더 큰 문제는 아이도 부모 못지않게 스트레스를 받고 있음에도 부모가 알지 못하며 부모 역시 아이 때문에 스트레스를 받고 있다는 것을 아이가 인지하지 못한다는 것이다. 즉 서로에게 스트레스를 주고받고 있음에도 모르고 있다는 것이 더 큰문제다.

대부분의 가정에서 흔하게 벌어지는 예를 하나 들어보자.

Case

시험을 앞 둔 중 2학년 우진이

엄마　우진아 이제 10시야 공부 시작해!

우진　알았어요! 조금 있다 할게요.

엄마　엄마 외출해야해. 빨리 시작해!

우진　(어휴 아침부터 웬 잔소리) 알았다니까요.

엄마　너 이번에도 성적 오르지 않으면 각오해. 지난번에도 큰소리쳤지만 떨어졌잖아. 이번에는 진짜 혼나. 아빠도 용서하지 않는다고 했어.

우진　(혼자 중얼거리듯) 매일 혼낸다고 하면서 맨날 말로만 아! 짱나.

엄마　뭐라고 하는거야?

위와 같을 때 아이가 부모를 두려워할까?

원인을 알아보자

아이는 이미 부모를 완전히 파악하고 부모를 이기는 방법을 알고 있기 때문이다. 아이는 자신의 요구를 관철시키는 방법, 잔소리에 대한 대처, 엄마의 요구를 거절할 때, 잔소리를 하면 들은 척도 하지 않기, 용돈 많이 타내기, 공부하라고 할 때 피하는 방법 등 어떠한 상황도 자신이 원하는 대로 할 수 있다고 생각하고 있다.

이러한 상태에서 아이에겐 부모를 어렵게 생각할 이유도 없고 필요에 따라 부모를 이용할 수도 있기 때문에 부모는 편리의 대상일 가능성이 많다. 성적이 관심사가 되는 초등 고학년 또는 중학교 저학년 때부터 주로 성적에 문제가 있을 경우 성적 향상에 필요한 조치를 취하는데서 발생한다. 대부분 성적에 필요한 요소인 규칙적인 생활, 학습시간 증가, 게임시간 축소, TV 시청 제한, 사교육 강요 등이 문제의 핵심이다.

부모의 경우는 먼저 아이가 변했다고 생각한다. 아이가 어렸을 때는 내가 시키는 대로 잘했는데 아이가 자라면서 점점 자기 고집만 피우고 나쁜 친구들과 어울리면서 아이가 변했다고 생각한다. 그리고 내가 시키는 것을 아이가 충분히 할 수 있는데도 하지 않으려고 핑계를 대면서 나를 화나게 만들고 고의로 말을 안 듣는다고 생각한다. 또한 스트레스는 나만 받는 것이지 아이는 받지 않는다고 생각하기 때문에 더욱 속상하며 내가 속상한 만큼 아이는 쾌감을 느낀다고 생각할 수 있다.

반대로 아이의 경우는 옛날에는 내가 잘못해도 혼도 내지 않고 간섭도 하지 않고 아빠가 꾸중을 해도 내편들어 주셨는데 언제부턴가 아빠보다 나를 더 괴롭히고 짜증나게 한다.

옛날에는 내가 사달라는 것, 먹고 싶은 것 다 해주시고 학교 숙제도 해주시고 학교 가기 싫다고 하면 선생님께 전화까지 해주는 좋은 엄마였는데 언제부턴가 충분히 해줄 수도 있는데도 해주지 않고, 아빠가 해주라고 해도 안 된다며 오히려 방해만 한다고 생각한다.

내가 힘들어 하고 도움을 요청해도 엄마는 모른척하고 매일 내가 싫어하는 말 '공부해라! 왜 그 모양이냐!' 라고 말하고, '옆집 누구와 비교나 하고, 내가 힘들어 하는 것이 아무렇지도 않나보다' 라고 생각한다.

또한 "엄마는 나를 배신했다. 옛날하고 완전히 달라졌어. 옛날의 엄마가 아니다. 옛날에는 내가 해달라고 하면 모든지 다 해주었고 싫다고 하면 억지로 시키지도 않았는데 이제는 나를 미워하나 보다. 두고 봐! 내가 어떻게 하는지, 엄마는 괜찮을 줄 알아?"라고 서운해 한다.

대안 찾기

단계별로 구연동화, 독후감 쓰기, TV 시청 통제, 심부름, 방 청소, 일기 쓰기, 일일 학습, 한자 공부 등을 나이에 맞게 실천사항을 정해 실시한다.

결정한 것은 특별한 경우를 제외하고 예외를 두지 않고 실천 과정을 지켜보면서 교정하고 격려하며 칭찬과 꾸중과 방법을 제시한다. 해야 할 일을 하였을 경우 결과를 칭찬하기보다 과정을 칭찬하여 성취감을 느끼게 한다.

과제물을 했다면 "어려운 문제를 풀기 위해 고생 많았다. 풀려고 애쓰는 모습을 보고 엄마는 기분이 좋았어. 우리 ○○가 대견해 보였거든!"이라고 말하고 방 청소를 했다면 "예전보다 청소하는 실력이 늘었네, 지난번에는 구석에 먼지가 있었는데, 오늘은 깨끗하네, 우리 ○○는 하려고 하면 아주 잘해! 우리 ○○이는 좋겠다. 깨끗한 방에서 잘 수 있으니까!" 그리고 게임을 끝냈다면 "우리 ○○, 오늘은 게임 약속한 시간에 끝냈네! 오늘은 5분 경과해서 끝냈네. 더하고 싶은데 공부 약속을 지키기 위해 컴퓨터를 껐네, 잘했어! 우리 ○○, 시간은 좀 늦었지만 오늘 게임 끝내고 공부하려고 하는 것을 보니 엄마는 기쁘다. 약속을 지키려고 노력하는 모습이 너무 이쁘다."라고 말해준다.

그리고 문제 발생시에는 필요성을 설득하고 지시하면 아이가 판단하고 수용하고 반복하는 과정에서 습관이 몸에 스며들면서 문제 발생 횟수가 서서히 줄어들면서 교정되기 시작한다.

Chapter 02

가정에서 부정적인 습관을 교정하려면

가족간 서열을
확실히 하자

최근에 이르러 말(표현)의 중요성이 점점 강조되고 있다. 스피치 학원, 유머에 관한 책과 강좌 등이 인기를 얻고 있는 것이 이를 뒷받침한다. 말은 그 사람의 색깔(내면)을 표현하는 행위로 친구면 친구에 알맞게, 선생님이면 경어로, 화나면 거친 용어를 사용하게 된다. 그것은 마음에서의 자기 생각을 머리에서 파악해 명령을 내리는데 말이 중요한 것은 상대방의 인격이나 학식, 성격, 주장하는 의견 등을 읽을 수 있기 때문이다. 그래서 말(표현)을 조리 있게 하기 위해 노력하고 연구하는 이유가 여기에 있다.

특히 가족간의 대화는 매우 중요하다. 아이가 부모에게 존댓말을 하지 않는다는 것은 가정 교육에 문제가 있다고 볼 수 있다. 혹자는 아이와 거리를 좁히기 위한 일환으로 생각하기도 하지만 성인이 되었을 때를 생각해 보아야 한다. 존경심은 언어로부터 시작된다. 학교 선생님에게 존댓말을 사용하면서 부모와는 반말로 일관하는 아이에게는 서열이 확실하지 않음을 의미한다. 우리가 살아가는 사회 공동체에서는 선과 악, 상하관계가 뚜렷하지 않으면 그 사회는 분열되고 대립하며 혼탁해지듯이 가정에도 문제가 발생해서 아이에게 브레이크를 걸 수 없게 될 수도 있다.

아이가 부모에게 하는 표현의 예를 들어보자.

쇼핑 중 중 1학년 혜진이와 엄마의 대화

엄마   이거 어때? 가격도 싸고 이쁜데...

혜진   (힐끗 보고) 싸구려라 싫어.

엄마   그렇게 싼 것도 아냐. 그리고 싼 것도 좋은거 많아.

혜진   싫다니까! 촌스러워.

엄마   (다시 다른 옷을 권한다.)

혜진   (제대로 보지도 않고) 엄마는 옷을 볼 줄도 몰라? (라고 말하면서 화려한 옷을 고른다.)

엄마   안돼! 학생이 어떻게 이런 옷을 입어?

혜진   엄마는 내가 마음에 드는 건 무조건 안 된대. 비싼 것을 골라서 그렇지?

엄마   아니야. 이건 너한테 어울리지도 않고 꼭 날라리같잖아.

혜진   아휴, 엄마는 정말 촌스러워. 요즘 다 이런 것 입는단 말이야! 맨날 내가 원하는 것은 찬성하는 법이 없어! 나 그럼 안 살래! (라며 옷을 바닥에 내팽겨 친다.)

엄마   나도 싫고, 아빠도 싫어하실 거야.

혜진   그럼, 나 옷 안사. 정말 짜증나 죽겠어! 내가 하자고 하면 무조건 안 된대. (라며 화를 낸다.)

엄마 그래 알았어! 아빠한데 혼나도 나는 몰라. 가격도 너무 비싸서 엄마
     도 이렇게 비싼 옷을 입어본 적이 없는데 학생이…

혜진 알았어, 안사면 될거아냐. (라며 혼자 나간다.)

엄마 알았다고. 사준다니까! 기다려. 같이 가. (라며 황급히 계산하고 뒤따라
     간다.)

쇼핑 중 중 1학년 혜진이와 엄마의 대화

엄마 이거 어때! 가격도 싸고 이쁜데.

혜진 (힐끗 보고) 싸고 좋기는 한데. 디자인이 마음에 들지 않아요.

엄마 디자인을 보는 센스는 언제 터득했어?

혜진 나 이제 어린애 아니에요.

엄마 (엄마가 다른 옷을 권하자)

혜진 (제대로 보지도 않고) 엄마는 요즘 애들이 어떤 옷을 입는지 너무 몰라
     요. (라며 화려한 옷을 고르면서) 엄마. 이것으로 할래요. (라고 말한다.)

엄마 안돼! 학생이 어떻게 이런 옷을 입어!

혜진 엄마는 내가 실컷 골랐더니 무조건 안된다고 하면 어떻게 해요! 비
     싼 것 골라서 그런거 아니에요?

엄마 아니야. 이건 너한테 어울리지도 않고, 꼭 노는 애들이 입는 것 같
     아서 그래.

혜진 아휴. 엄마는 요즘 다 이런 것 입는단 말이에요. 그리고 정말 마음
     에 들어요. 다른 것은 엄마가 시키는 대로 할게요. 옷은 내가 좋아
     하는 걸로 사게 해주세요.

엄마 다른 것도 좀 보자.

혜진   알았어요. (라며 시무룩해져 옷을 고르지도 않고 시위를 한다.)

엄마   나도 싫고, 아빠도 싫어하실거야.

혜진   마음에 안드는 옷을 억지로 입을 수는 없잖아요. 내가 아빠한데 전
        화해서 허락을 받으면 안될까요?

엄마   그래 알았어! 아빠한데 혼나도 나는 몰라! 가격도 너무 비싸 엄마도
        이렇게 비싼 옷 입어본 적 없는데...

혜진   죄송해요. 이제 당분간 옷 사달라고 안할게요. 그리고 내가 돈 벌면
        정말 좋고 비싼 옷 사드릴께요. 엄마, 이제 소원 풀었어요. 말 잘듣
        고 공부 열심히 할게요.

엄마   (계산하고 같이 나간다.)

나쁜 유형의 대화에서 문제점

① 서열이 없다.

존댓말은 상하관계, 계급, 직책을 의미하는데 가정에서는 부부간,
자식간 형제간 서열을 나타내는 기본 단위로 최소의 예절이라고
할 수 있는데 기본이 무너지면 서열이 무너진다.

② 존경심이 생기지 않는다.

존경심은 부모 자식 사이에 절대적인 요소이며 지도하는 그룹도
가져야할 덕목이다. 자식이나 제자에게 존경을 받지 못하면 교육
이 제대로 되지 않기 때문이다.

③ 커뮤니케이션이 이루어지지 않는다.

아이를 지도하고 교정해야할 책임이 있는 부모는 아이가 존경심을

가질 때 커뮤니케이션이 원활히 이루어진다. 아이가 부정적인 생각이나 반발심이나, 반항심이 생기더라도 존경심(믿음) 때문에 다시 한번 생각하거나 일단 믿어보고, 순응하자라는 생각을 가지게 된다.

④ 첫인상이 나빠진다.

첫인상은 6초 이내 결정되며 나쁘게 심어진 인상을 회복하려면 6시간이 걸린다고 할 만큼 첫인상은 중요하다. 예의없는 행동이나 부모님께 하는 말 한마디에 그 사람에 대한 평가가 이루어진다. 말이 중요한 이유가 여기에 있다.

⑤ 예의가 없어진다.

존댓말은 상대방이나 어른에 대한 예의가 무너지며 파국으로 치닫는 것을 방지하는 방지턱이 된다. 존댓말은 한단계 더 여유를 가지게 되어 파국을 방지한다.

부모는 아이의 친구가 되어주어야 한다는 말은 마음을 의미하는 것이지 버릇없이 지내라는 말은 아니다. 문제가 발생했을 때 아이의 입장에서 마음을 읽고 문제 해결을 위해 윽박지르고 권위를 내세워 해결하려고 하기보다 역지사지의 입장에서 친구처럼 이해하고 해결하라는 말이다. 부모는 아이를 사랑으로 대하고 아이는 부모에게 존경심을 가지고 대해야 한다.

아이의 건강 문제 식단 때문이다

우리 아이, 평생 건강할 수 있을까? 생존 경쟁의 필수 요소인 체력 싸움에서 우위에 설 수 있을까? 걸핏하면 피곤하다고 아우성치는 아이, 이유가 무엇일까? 조금만 공부해도 코피를 흘리는 아이의 건강에는 문제가 없을까? 부모는 건강한데 아이는 왜 유난히 약할까요?

수년전부터 초등학생이 성인병에 노출되는 등 비정상적인 형태를 보이며 초·중·고생 체력이 날로 떨어지고 학업에까지 지장을 받고 있으며 체육시간이나 야외학습, 아침 조회시간에 쓰러지는 아이들이 많다는 보도를 접한다.

또한 부유한 가정에서도 영양실조에 걸린 아이들도 상당하다고 하는데 초근목피로 생계를 이어가는 시대도 아닌데 영양실조라니 이해가 쉽게 안가지만 엄연한 현실이다.

건강은 자녀의 현재도 문제지만 미래를 위해서도 절대적으로 필요한 요소로 신체가 건강하지 않으면 할 수 있는 것이 없기 때문이다. 그래서 무엇보다도 중요한 것이 건강인데 가정에서 귀한 자녀의 건강이 무너지고 있는 현실에서 부모의 걱정도 커지고 있다.

건강이 부실한 이유

80년대 중반부터 경제적으로 윤택해지면서 의식주가 상당히 많이 변했고 먹을거리는 혁명적이라고 할만큼 달라져 긍정적인 부분도 많다. 한편으로 비만 인구가 증가하고 선진국병인 당뇨, 혈관병 등이 많아져 건강은 오히려 나빠졌다고 하는데 아이들에게 미치는 영향은 성인병보다 훨씬 높다고 한다.

예전에는 한 가정에서 보통 3~4명의 아이를 두었으나 지금은 일반적으로 1~2명 정도의 아이를 두고있어서 아이를 금이야 옥이야로 생각하고 무엇이든 아이가 원하는 것은 다 해주려고 한다. 아이를 황제처럼 떠받들면서 특히 정신력과 건강에 상당한 피해를 가져왔다.

무엇보다 심각한 문제는 편식에 있다고 전문가들은 말한다. 아이가 좋아하는 음식을 만들었음에도 불구하고 아이가 밥을 먹지 않으려고 하면 아이를 따라 다니며 수저를 강제로 입에 넣거나 밥을 먹이기 위해 애걸복걸하며 나아가 아이스크림, 게임기, 장난감 등을 경품으로 걸어서라도 밥을 먹이려고 하기 때문이라고 한다.

그것은 편식을 조장하며 오히려 밥을 부정적으로 생각해 먹지 않으려고 하는 악순환을 초래하며 그로 인해 편식으로 인한 영양실조로 이어지고 나아가 건강까지 나빠지게 된다.

아이가 먹는 것을 적당히 거부하면서 엄마를 제압하는 무기로 삼아 자신이 원하는 것은 전부 손에 넣고 또 하기 싫은 것은 안하는 등 정신력(인내심, 대처능력 등)까지 약하게 만든다.

아이를 훌륭하게 성장시켜 수십년 후 타인과의 경쟁(체력, 정신력, 인내심 등)에서 이기려면 어렸을 때 부모가 아이를 통제하고 관리 교육을 해야 하는데 부모가 주도권을 잡지 못하면 아이는 본능대로 성장한다. 이는 결국 부모의 교육관 부재에 기인한다.

아이를 건강하게 성장시키려면

대부분의 가정에서 모든 일에 아이를 최우선 순위로 두는 경우가 많다. TV 채널 선택이나, 음식 메뉴 등에서 아이를 먼저 생각하는데 특히 외식을 할 때도 아이가 좋아하는 피자, 치킨, 스파게티 등을 선택하는 경우가 많다. 이런 일이 반복되면 아이를 위한다고 할지라도 결국 부모의 권위도 손상되고 아이의 건강에도 문제가 된다. 매사를 부모가 서열 1순위가 되고 아이는 후순위로 밀어낼 때 건강도, 권위도 찾을 수 있다.

특히 가족이 다 함께하는 식사 시간이 매우 중요한데 엄마가 식탁 메뉴를 키가 크게 또는 체력 보강 목적으로 아이가 좋아하는 메뉴인 햄이나 소세지, 육류(고기) 등에 너무 많은 비중을 두기보다 김치, 된장찌개, 야채류 등 채식에도 비중을 두도록 해야 한다. 지나친 육류 중심은 성인병 뿐만 아니라 편식을 유발하므로 성인 위주(발효 식품)로 식탁을 구성해야 한다.

생명을 유지하려면 필연적으로 에너지가 필요하며 에너지는 음식으로 보충되기 때문에 에너지가 필요하면 배고픔으로 신호를 보낸다. 그러나 배고프지 않으면 아무런 욕구를 느끼지 못하는데 어쩔 수 없는 상황에 의해 음식을 억지로 먹어야 할 때는 곤욕스러움을 동반한다. 아이에게 억지로 먹이려고 하는 것은 욕구를 떨어뜨리며 먹는 것에 대해 부정적인 인식을 심어주어 식사를 거부하라고 하는 것과 같으므로 절대 억지로 먹게 해서는 안 된다.

한두끼 굶어도 생명에 지장이 없으므로 음식은 아이가 원할 때 스스로 먹게 해야 음식을 가리지 않고 먹기 때문에 편식을 없앨 수 있다. 특히 간식은 고칼로리이며 단맛을 내기 때문에 밥을 더 싫어하게 되므로 간식을 주지 않고 배고픔을 심하게 느끼게 해야 한다.

아이를 강하게 키우려면 마음으로 애정을 표시해야 하는데 얼굴(情)로 표시하는 부모가 많다. 밥 한끼 굶으면 부모 마음이 더 속상해 아이가 떼를 쓰면 요구를 들어주거나 알아서 미리 해준다.

아이가 고집을 부려 밥 한끼를 굶어 배고픔을 느끼면서 자신의 경솔함에 후회를 하고 애태우면서 밥 먹을 때를 기다리면서 고통을 참고 인내심을 기를 수 있는 기회를 인위적으로라도 만들어야 하는데 대부분의 부모는 그렇지 못하고 있다.

아이의 건강을 원한다면 가정에서 아이에게 부모 1순위, 어른 2순위, 아이를 가장 낮은 순위로 배치하여 가장 나중에 요구를 들어줄 때 아이는 편식을 없애고 건강하고 예의 바른 아이로 성장할 것이다.

꿈이 없는 우리아이 무엇이 문제인가? I

사람은 꿈을 먹고 사는 동물이라고 말을 한다. 꿈이 없다면 현실밖에 없고 우리가 사는 현실은 대체적인 만족보다는 불만과 절망을 마음 속에 가득 품고 생활하고 있다. 현재 상태를 인내하고 있는 것은 미래의 꿈을 품고 있기 때문이 아닐까? 성인도 그럴진데 미성숙한 아이들은 어떨까?

요즘처럼 자녀 교육에 정신적, 물질적으로 신경을 많이 쓰던 시대도 없다고 한다. 또한 자녀와 트러블은 점점 심해지고 있다고 토로한다. 관심을 가지고 노력하는만큼 더 좋아져야 하는데 오히려 반대의 결과가 나타나기 때문에 문제이다.

이유가 무엇일까? 필자는 꿈이 없거나 너무 현실적인 꿈이 문제가 아닌가라는 생각을 한다. 요즘 아이들 특징 중 하나로 꿈이 없는 아이들이 너무 많다는 사실이다. 꿈을 '실현시키고 싶은 바람이나 이상'으로 해석한다면 아이들에게 꿈이 없다는 것은 목표가 없다는 것이다. 또 목표가 없다는 것은 계획이 없다는 것이며 계획이 없다는 것은 행동을 유발하지 않는다는 것이다. 부모와 공부 전쟁을 일삼는 것도 결국 아이에게 꿈이 없기 때문이다. 꿈이 있다면 자기 꿈을 이루기 위해 필요하다고 생각되는 분야의 학습이나 기술 습득, 예체능 익히기 등을 스스로 하겠지만 꿈이 없으면 무엇을 해야 할지 모른다. 꿈은 사람을 행동하게 하는 원천적인 요소를 가지고 있는데 꿈이 없으면 현재의 안일만 생각하기 때문에 조금만 힘들어도 거부하고 포기하려든다. 요즘 아이들이 쉽게 포기하고 신경질이 많은 것은 결국 아이에게 꿈을 심어주지 않았기 때문이 아닐까요?

최근 니트족(Not in Education, Employment or Training의 줄임말로 최근 일하지 않고 일할 의지도 없는 청년 무직자를 뜻한다.)이 늘고 있다고 하는데, 여러분의 사랑스러운 아이도 니트족이 될 수도 있다는 생각을 한번쯤은 고민해봐야 할 것 같다.

아이에게 꿈을 심어주려면

성적에 기준을 두기보다 재능 위주로 칭찬을 반복하면 아이 개성이 나타나고 나아갈 진로가 결정되며 꿈을 가지게 된다. 그리고 아이가 어떤 꿈을 가졌던 부정적으로 생각하기보다 이룰 수 있는 실력을 쌓는 것의 중요함을 지적한다. 꿈은 현실적으로 변할 수 있기 때문이다.

또한 아이에게 원하는 모델을 항상 가깝게 느끼게 한다. 인위적으로 아이에게 꿈을 심어주고 싶다면 아이의 적성 가능성을 파악해 이상 모델을 결정한 후에 항상 사진, 업적 등 자료를 주위에 두고 칭찬을 하면서 부모는 여건(경제, 두뇌, 적성 등)이 안돼서 못했지만 너(자녀)라면 충분히 가능한데라며 은근히 관심을 가지게 한다.

한번 꾼 꿈을 바꾸지 않게 하려면 아이 스스로 꿈을 결정하게 해야한다. 아이에게 주말, 공휴일, 방학 등을 이용해 많은 것들을 직접 볼 수 있는 기회를 만들어 자신의 적성에 맞는 것을 찾게 하는 것이 무엇보다도 중요하다. 대부분 학교 → 학원 → 가정 → 게임 → 학교 → 학원 → 가정 → 게임을 반복하는 관계로 아이가 세상 구경을 제대로 하지 못한다. 아이를 꿈에 빠지게 하려면 각종 박람회, 체험학습, 영화, 연극, 오페라, 각종 전시회(그림, 공예, 도자기, 조각 등), 비보이 댄스 경연 대회, 음악 콘서트, 마술쇼 등 수많은 것을 보여 줄때 자신의 적성을 발견하게 되고 아이는 생기를 띄게 된다.

그러면서 스스로 남다른 능력이 있다는 것을 파악하고 계발할 줄 알아야 한다. 자신이 원하는 것은 무엇이든 이룰 수 있다는 생각을 가지도록 어떤 일을 할 때에도 두려움 없이 최선을 다하도록 자신감을 불어넣어준다. 특히 "넌 할 수 있어"와 같이 칭찬과 격려를 하자. 부모는 아이의 자존감을 갖게 하는 환경을 조성하는 것이 필수다.

아이들에게 성취감이 중요한 것은 목표에 대한 도전 의욕을 강화시키기 때문이다. 작은 성취감이 모이면 결국 원하는 목표에 도달할 수 있기 때문이다. 그래서 아이 수준에 약간 못미치는(쉬운) 작은 목표를 단계별로 수립해 성취감을 꾸준히 맛보게 하는 것이 중요하다.

처음에 세운 목표가 흐려지거나 마음이 흔들리기 전에 그 목표를 찾아 체험하게 하는 방법이 있다. 의사가 되는 꿈이라면 병원, 과학자라면 연구소 등 현장을 방문하거나 그 분야에서 최근 이슈가 되고 있는 훌륭한 분들의 소식을 말해주는 것도 좋다.

자라나는 아이에게 꿈을 심어주어야 하는 중요한 이유가 있다. 아이가 바르게 성장하고 꿈이 있을 때 동기부여가 되며, 동기부여가 될 때 자신의 능력을 100% 발휘하게 되기 때문이다.

초등 1학년 때 꿈을 만들고 이루기 위해 준비한 아이와 고등 3때 대학 때문에 급하게 선택한 꿈 중 어느것이 더 이룰 가능성이 클까? 바른 부모 역할은 점수로 자녀를 평가하기보다 아이에게 꿈을 만들어 주고 그 꿈을 간직하고 준비하며 이루도록 도와주는데 있지 않을까?

꿈이 없는 우리 아이 무엇이 문제인가? Ⅱ

아이의 미래는 '꿈을 가지고 있느냐, 없느냐'에 따라 결정된다고 볼 수도 있다. 자녀 상담을 통해 많은 학부모님과 얘기를 나누다 보면 아이의 성적에서 무엇이 문제인지 대충 파악할 수 있다. "아이가 공부를 안 해요. 하면 잘 할 수 있는데, 머리는 있는 아이인데, 도대체 하려고 하지 않아요. 아이가 원하는데로 학원 수강, 개인지도, 동영상 강의, 문제집 등 심지어 엠시스퀘어까지 사달라고 해서 수십만원을 주고 사주었는데도 1~2번 사용하고는 눈길도 주지않아요. 학원에 보냈는데도 성적이 오르지 않아요. 어렸을 때는 머리 좋다는 애기도 신동이라는 소리도 들었어요. 그런데 학년이 오를수록 하려고 하지도 않고 말도 듣지 않고 어떻게 해야 할지 모르겠어요"라고 하소연한다.

이런 말씀을 해주시는 경우에서 느끼는 점은 그 아이들 대부분이 공부를 안하는 이유 중 하나가 진로 결정이 안된 경우가 상당히 많다는 점이다. 진로는 아이가 좋아하는 분야이며 앞으로 나아갈 방향이다. 원하

는(하고 싶은, 좋아하는) 꿈이 있을 때 원하는 대학과 학과 그리고 합격을
위한 점수를 알게 되고 점수를 알 때 현재 자신의 점수와 비교해 부족한
점수를 확보하기 위해 스스로 공부하게 된다. 아이가 부모의 헌신적인
노력에도 불구하고 공부를 안하는 것(평균 90점 이상)은 목표가 없기 때문
이다. 목표가 없으면 편안하고 즐거움만 추구하기 때문에 매일 엄마와
공부 전쟁을 하게 된다.

그러나 자신이 하고 싶은 프로그래머, 게임전문가, 법관, 만화가, 외
교관, 의사, 음악가, 화가 등이 구체적으로 결정되면 공부는 남을 위해서
가 아니라 나를 위해서라는 생각을 하게 되어 스트레스를 덜 받게 되고
남다른 노력으로 성취감을 느끼며 성적은 일취월장하게 된다. 공부(성적)
와 진로는 관계가 없는듯 하지만 밀접한 관계를 가지고 있다.

최근에 세계적인 명문 대학으로 클린턴과 부시가 졸업한 학교로도
명성이 높은 예일 대학교에서 발표된 1953년 졸업대상자를 대상으로
20년 후를 추적한 통계를 보면 졸업생의 3%는 미국을 이끌어 가는 그룹
으로 성장하였고, 10%는 경제적 부를 누리고 있으며, 60% 전후는 평범
한 삶을 살고 있고 27%는 무일푼으로 살고 있다고 했다.

그 중 미국을 이끌어가는 3%는 자신의 꿈을 구체적으로 계획하고 이
루기 위해 노력한 집단이었고 경제적으로 풍요롭게 사는 10%는 구체적
으로 자신의 꿈을 작성해서 명확하게 하지는 않았지만 그래도 꿈을 가
지고 있었고 나머지 87%는 뚜렷한 꿈이 없었다고 한다.

목표가 없으면 현실의 소리(고통)에 비중을 두지만 목표가 있으면 미
래의 소리를 들으므로 고통을 감내한다. 그래서 진로(목표)는 중요한 것
이다.

아이가 진로(목표)를 결정하게 하려면

첫 번째, 세상 구경을 시켜 준다. 진로 결정과 세상 구경이 어떤 관계가 있을까? 진로란 아이가 나아갈 길이며 나아갈 길을 알기 위해서는 어떤 길이 있는지 알아야 하고 어떤 길이 적성에 맞고 비전이 있는지 파악해 봐야 한다. 그러나 근래 아이들은 꿈이 없는 경우가 많고 설령 있다고 해도 부모의 눈높이에 맞춰 억지로 아이에게 꿈을 심으려고 한다. 미래를 위해 가장 중요한 꿈이 없어도 안 되지만 억지로 심는 것은 더욱 안된다. 아이들이 꿈을 가지지 못하는 이유는 다양하지만 가장 큰 이유는 꿈을 꾸고, 가꾸고, 버리고 할 시간을 가지지 못하고 있다는 것이다. 지금이라도 아이를 전시회나 공연, 체험 활동이나, 봉사 활동, 명문대학 방문, 명사강의 청강이나 리더십 프로그램과 같은 특정 연수 등을 통하여 자신이 좋아하거나 적성에 맞는 것을 찾을 수 있도록 이끌어 주자.

두 번째, 숨은 꿈을 찾아 주자. "우리 아이는 도대체 꿈이 없어요. 다른 아이는 꿈이 있다고 하는데 우리 아이는 게임이나 하지 별로 하고 싶은 것도, 관심도 없는 것 같아요."

이처럼 어떤 경우는 꿈이 없는 경우도 있다. 아이에게 너무 큰 꿈을 부모가 원해서 그럴 수도 있고, 아이와 가정에서 대화가 잘 이루어지지 않아 엄마, 아빠가 제대로 파악을 못 할 수도 있다. 이런 경우 아이에게 좋아하는 것 50가지 정도를 적게 하고 아이의 의견을 들어 보아라. 유치한 내용이라도 최대한 존중해서 그 중 2~3개로 압축시켜 아이가 좋아하는 이유를 들어보아라. 그리고 그런 꿈을 꾸고 이루어 나가려면 어떻게 준비해야 하는지도 간단히 설명해 주자.

세 번째, 현재의 꿈은 무엇이든 상관하지 않는다. 아예 꿈이 없는 아이들이 70%가 넘는다는 통계가 있다. 꿈을 부모가 강요하거나 인위적으로 만드는 것도 문제지만 꿈이 하잘 것 없다고 폄하하는 것이 더 큰 문제다. 꿈을 가지고 있는 것 자체를 긍정적으로 생각해야 한다. 물론 부모 입장에서 자녀가 출세하고 성공하기를 바라는 마음을 탓할 수는 없지만 그렇다고 자라는 아이의 싹(꿈)을 자르는 것과 같다.

예전에는 천한 직업(광대, 연예인, 상공인 등)으로 여겨지던 것들이 현재는 각광을 받듯이 아이의 수십년 후 직업은 예측조차 어렵다. 특히 대부분의 꿈을 이루기 위해서는 공부가 연계되지 않고 할 수 있는 것은 거의 없다. 예컨대 아이가 거리를 청소하는 미화원이 된다고 해도 무조건 반대하기보다 먼저 그 이유를 물어 보자. 아이 나름대로 낙엽을 쓸어 담는 모습이 좋았다던가, 열심히 일하는 모습이 좋고 거리를 깨끗이 하니까 나도 하고 싶어졌다거나, 선생님이 미화원이 훌륭한 분들이 하는 것이라고 해서, 남에게 봉사하고 돈을 받는 직업이라든지 나름대로의 분명한 이유가 있을 것이다. 그럴 때 부모는 아이에게 "그래 미화원도 괜찮아. 그런데 미화원도 공무원이라 합격하려면 공부 열심히 해야 해. 아무나 할 수 있는 것이 아니야. 그치만 우리 우진이는 될 수 있어!"라고 용기를 주어야 한다.

아이의 꿈은 변하고 없어지기도 하지만 성적은 변하지 않는다. 꿈꾸는 것을 방해하지 말라는 의미는 꿈은 아이가 성장하고 사고력이 발달하면 현실과 가까워지기 때문이다. 수십년동안 꿈이 변하지 않으면 1인자가 될 수 있고 장인(명인, 달인)의 대열에 올라 성공 할 수 있다. 자신이 하고 싶은 일을 하면서 평생을 행복하게 보낼 수 있다. 중요한 것은 아이의 꿈은 변할 수 있지만 꿈을 이루기 위해 공부한 성적은 변하지 않으며 성적만 높으면 꿈은 언제든 선택할 수 있다는 것이다.

아이가 꿈을 스스로 선택하고 부모는 아이의 선택에 만족하면 금상
첨화라고 할 수 있겠지만 상당수 아이의 꿈과 부모의 기대치가 일치하
지 않아 진로 문제로 갈등을 겪는다. 부모가 원하는 꿈을 아이에게 심어
주려면 특정 분야에서 남보다 소질이 있다는 생각이 들게 하여야 하며
이를 위해 분위기를 만들어주어야 한다. 즉, 아이가 바둑으로 성공하기
를 원한다면 주위에 바둑에 대한 환경을 조성해야 한다. 오목, 바둑을 두
면서 아이에게 과도하게 칭찬하거나, 학교 선생님이나 친척, 주변 사람
들을 통해 바둑에 소질이 있다는 칭찬을 하게 한다.

그리고 바둑 채널을 보면서 기사들을 칭찬하고 우리 아들도 노력만
하면 충분히 가능하다는 말을 반복한다. 특히 바둑이나 오목을 둘 때 특
정 부분에 돌을 놓으면 프로기사 누구누구도 너같은 상황에서 똑같이
생각하고 수를 두었다며 칭찬을 하거나, '아빠가 위기 상황으로 만드는
데도 잘도 빠져 나가는구나. 역시 소질있어'라고 하는 등 특정 부분을
칭찬한다. 그리고 소설가, 음악가, 법관, 교육자, 과학자 어느 분야나 방
법은 크게 다르지 않다.

마지막으로 가능성을 가지게 한다. 아이가 꿈을 얘기할때 이를 듣고
칭찬하는 부모가 있는가 하면 "말도 안된다, 허왕된 꿈이다, 너의 실력
으로 어림없다, 꿈도 꾸지마라, 꿈꾼다고 다 이루어지니? 냉수먹고 속차
려라, 너의 주제 좀 파악해라, 공부도 못하면서 꿈은 야무지네, 누구를
닮아서 허왕된 꿈만 꾸는 거야?" 등의 독설로 아이의 꿈과 희망 그리고
사기를 땅바닥에 내팽개치는 부모도 있다.

이로인해 가능성의 싹을 아예 뭉개 버리고 아이의 능력을 제로로 만
드는 결과를 초래하게 된다. 학자, 대통령, 발명가, 재산가 등 성공한 사
람들이 어렸을 때 그 사람의 미래를 예측한 부모가 얼마나 될까? 싹을

자르고 폄하했다면 가능했을까?

먼저 부모 역시 이루지 못할 꿈은 없으며 마음만 먹으면 충분히 가능하다는 생각을 가져야 하고, 이를 아이에게 자신있게 말할 수 있어야 한다. 꿈이 클수록, 실현 가능성이 적어 보일수록 꾸중보다는 칭찬이 필요하다. 부모는 아이의 꿈에 온도를 맞추고 물을 주고 영양분을 공급하는 관리자가 되어야 한다.

기초 학습은 생활 속에서 배양하라

　"우리 아이는 공부를 스스로 하는 법이 없어요. 공부에 영 취미가 없어요. 공부하라고 말만하면 인상을 먼저 써요. 어떻게 하면 공부를 잘 할 수 있을까요?"라는 질문을 받으면 필자는 다음과 같이 그 분들께 질문한다.

　"공부를 하라고 하나요? 아니면 할 부분을 지적해 주나요?"라고 물어보면서 아마 하라고 지시만 할거야라고 생각하고 필자가 속으로 하나 둘 셋을 셈과 동시에 여지없이 "공부를 하라고 하지요."라고 대답하거나 필자의 질문 의도를 몰라 멍하게 바라보는 부모도 있다.

　왜 공부 때문에 고통을 겪는 것일까? 한번쯤 다시 곰곰히 생각해 볼 문제다. 필자는 학부모들이 공부는 시기가 있다고 생각하거나 공부는 교과서 이해를 위한 것만으로 생각하기 때문이라고 본다. 그 예로 대부분이 아이의 공부 걱정을 하는 시기나 공부를 시키는 시기가 비슷하다. 즉 본격적인 공부 시기가 따로 있다고 생각한다는 것이다. 또한 학부모들은 자녀를 키우면서 개구쟁이라도 좋으니 튼튼하게만 자라면 만족하고 그 시기가 지나면 이제 본격적으로 학교 성적 향상에 필요한 공부를 하는 시기로 생각하고 사교육, 학습지 등에 주력한다. 그리고 학교에서 우등생이 되는데 필요한 교과서 중심으로 하는 학습 과정만을 공부로 생각한다. 또는 공부를 대학 입학, 특목고 등의 합격을 목적으로 하는 것만이 공부라고 생각한다.

사전에서 공부는 학문과 기술을 배우고 익힘으로 정의하였는데 풀어보면 학문(學問)이란 어떤 분야를 체계적으로 배워서 익힘. 일정한 이론에 따라 체계화된 지식을 말하며 기술(技術)은 만들거나 짓거나 하는 재주 또는 솜씨, 어떤 일을 효과적으로 할 수 있는 방법이나 능력, 과학 이론을 적용하여 자연을 인간생활에 유용하도록 변화시키는 방법이라고 정의한다.

위의 내용을 요약하면 공부는 학문을 익히는 것이 전부가 아니라 생활하는데 필요한 요소를 총망라해 배우고 익혀 실생활에 유용하게 활용하는데 목적이 있다고 생각한다. 그러나 대다수의 부모는 공부를 대입이나 고시 등에 필요한 지식을 쌓는 것이라는 고정관념을 가지고 있고 높은 점수를 받기 위해 최선을 다한다.

공부 내용은 나이와 환경에 따라 다르다

공부도 성장 과정(나이)에 따라 다른데 무조건 성적 위주의 학습만을 공부라고 생각하는게 문제이다.

① 4세 이하라면

건강에 비중을 두고 생활하는 것이 공부이며

② 8세 이하라면

건강과 기본 예절 그리고 초등학교 입학 준비를 위한 한글, 한문, 영어 기초 등을 준비하는 것이 공부이며

③ 중학교 입학 전에는

주요 과목에 대한 바탕지식 배양과 진로 결정을 위한 세상 만나기에 주력하는 것이 공부이며

④ 중학교 입학부터는

결정된 진로(미래 꿈)에 도달하기 위한 학습(체험, 성적, 배경지식 등 함양)을 위해 노력하는 것이 공부이며

⑤ 고등학교는

진로(미래 꿈)에 도달하기 위한 직접적인 과정이다. 성적 향상을 위해 학교, 사교육 등을 통해 성적 향상을 위해 노력하는 과정이 공부이다.

앞서 설명한 바와 같이 공부는 나이, 환경에 따라 다르다. 그러므로 성적을 위한 과정만이 공부로 생각하는 것이 문제를 만든다.

대안 찾기

공부와 놀이를 구분하지 말자. 초등학교 입학 전 아이에게는 공부와 놀이는 크게 다르지 않다. 공부도 흥미를 가지게 되면 놀이가 되고 반대로 놀이도 흥미를 가지지 못하거나 강제성을 띄게되면 아이가 싫어하는

것이 된다. 즉, 흥미를 가지느냐, 가지지 못하느냐에 따라 아이에게는 공부가 될 수도 있고, 놀이가 될 수도 있다는 것이다. 다시 말하면 부모가 공부와 놀이는 반대라고 생각하기 때문인데 공부와 놀이는 동일한 맥락에서 바라보아야 한다는 점을 기억하자.

다음으로는 급격한 변화를 시도하지 않아야 한다. 아이가 공부를 거부하거나 싫어하는 것은 상황을 급격하게 변화시키려 하기 때문이다. 아이가 어릴 때는 "대부분 때가 되면 공부하겠지, 아직 어린데 뭐, 나 닮으면 우등생은 틀림없어" 등으로 생각하며 성적 향상을 위한 공부에는 신경을 쓰지 않는다.

그러다가 초등 고학년이 되면서 학교 공부로 방향을 급선회하면서 문제가 발생한다. 저학년 때는 학교 공부보다 아이가 원하는 놀이(부모 시각)에 제동을 걸지 않다가 어느 순간 성적에 문제가 있다는 생각으로 익숙해진 놀이를 못하게 하고 익숙하지 않고 서툰 공부를 강요할 때 아이는 반발하고 거부하며 나아가 형식적으로 '공부하는 척' 하게 된다.

문제 아이들의 다수는 책을 무조건 거부하는 양상을 보이는데 그것은 초등학교 입학 전에 책과 친해지는 습관을 들이지 않았기 때문으로 책에 대해 긍정적인 생각을 심어주지 못해서 그렇다. 즉, 2~5세 전후에는 잠들기 전에 동화책을 읽어주면서 잠들게 하고 초등학교 입학 전에는 한글을 읽혀 직접 읽게 하고 독후감을 말하게 하면서 책은 재미있는 이야기로 가득한 것이라는 이미지를 심어주어야 한다. 교과서와 동화책을 달리 생각하지 않게 되고 자연스레 교과서와도 친구가 되게끔 만들어 주어야 한다. 그러나 문제 아이들은 초등학교에 입학하면서 교과서를 통한 공부를 강요하므로 책(교과서, 동화책 등)은 무조건 거부 반응을 보이게 되는 것이다.

아이에게 짜증과 신경질이 사라지게 하려면?

"아이가 매사에 짜증으로 일관해요", "부모도 소용없고 위아래도 없어요", "꾸중을 하면 그 때 뿐이고 도대체 누구를 닮았는지 알 수가 없어요", "무엇하나 제대로 하는 것이 없어요", "말로는 당할 수가 없어요"

요즘 아이들은 식사 후 뜨거운 물을 먹기보다 찬물을 좋아한다. 아이스크림도 베어 먹고 사탕도 깨물어 먹는다. 조금만 배가 고파도 못 참고 남에게 양보하거나 배려하는데 약하다. 그리고 조금만 기분 나빠도, 원하는 대로 되지 않아도 화를 내고 씩씩거린다. 아이들 대부분이 비슷한 현상을 보이지만 너무 심하다는 것이 문제이다. 천성인 경우도 있지만 성장 환경으로 발생하는 경우가 상당하다. 부모는 아이가 예쁘고(잘 생기고), 이해심 많고, 영리하며, 부모에게 효도하고, 예의 바르고, 공부 잘하는 아이를 원하지만 반대로 아이는 부모가 다정하게 대하고, 공부하라는 소리를 안하고, 내가 무엇이든지 원하는 것을 해주며, 청소는 물론 숙제까지 대신해주는 부모를 원한다.

그런 부모가 현실적으로 가능할까요?

신경질을 개선하려면

① 도움은 구분을 짓는다.

아이가 스스로 해야 할 것과 도와줄 것을 아이에게 이해시키고 명확하게 구분하고 실천하게 한다(옷 입기, 밥상에 수저 놓기, 과제물, 심부름, 설거지, 방 청소, 신발정리, 학교 과제물을 가져가지 않았으면 절대 갖다 주지 않는다 등).

② 성격을 제어한다.

화가 난다고 무조건 윽박지르지 말고 문제 발생시 추궁하기보다 표현의 기회를 만들어 준다.

③ 원하는 것의 80%만 들어준다.

신경질적인 것에 중요한 요인 중 하나가 아이가 원하는 데로 무조건 다 들어주거나, 요구를 100% 가까이 들어 주었기 때문이다. 아이가 원하는 것의 80%만 들어 주고 20% 정도는 스스로 해결하게끔 유도한다.

④ 아이가 요구할 때 즉답을 피한다.

아이가 요구를 하거나 협조를 구하면 그 자리에서 바로 대답을 하기지 말라. 아이에게도 생각과 기다릴 시간이 필요하다.

⑤ 조른다고, 떼쓴다고 무조건 요구를 들어주지 않는다.

신경질적인 문제는 떼쓴다고, 조른다고, 귀찮아서 요구를 들어주

므로 인해 발생한 문제이므로 한번 내린 결정은 절대적으로 지켜
야 한다.

⑥ 말을 더듬는 것을 교정한다.

특히 신경질적인 아이의 경우 말이 빠르거나 더듬는 경우가 많은
데 말을 천천히 또박또박 할 수 있도록 지도한다.

⑦ 아이가 화를 내면 같이 화를 내지 않는다.

아이가 화를 낸다고 부모도 같이 화를 내면 안되는 것을 명심하자.
화를 내면 분별력과 이성이 마비되어 폭력적으로 변하기 쉽기 때
문이다. 모든 것이 폭력으로 해결되는 것은 없다. 잠시 해결되는
것처럼 보일뿐이다.

TV 채널권은 부모가 확보하자

　여러 가정을 방문해보며 느끼는 점은 주객이 전도된 듯한 집안 분위기이다. 누가 어른인지, 누가 가장인지, 누가 부모인지, 아이인지 구별할 수가 없을 지경이다. 아이의 말투, 식사 시 수저를 드는 순서, 앉아있는 태도 등 이루 다 열거할 수 없지만 이번에는 특히 TV 채널에 대해 말하고자 한다.

　얼마 전 생일 초청을 받아 지인의 가정을 방문하게 되었다. 집안 인테리어, 분위기, 개인 주택 위치 그리고 성의를 다한 생일 음식 무엇하나 흠잡을 때가 없었다. 특히 대형 고급 TV에서는 WBC 경기가 생중계되고 있었다. 차려준 생일상을 맛있게 먹고 곧바로 야구 경기를 시청하게 되었다. 생일 파티가 무르익고 분위기가 고조되는데 그 사람의 유일한 혈육인 초등 1학년 형준이가 눈에 거슬리는 행동을 하고 있었다.

　돌아다니면서 음식을 먹거나, 수저나 포크를 사용하지 않고 손으로 집어먹고, 한입 먹고 버리기를 반복하는데도 부모는 제지하지 않는다.

게임을 하면서 소리를 지르다가 야구 결승전 경기를 시청하고 있는데 TV 채널을 갑자기 여기저기 돌리기 시작하였다. 부모가 얼른 다시 시청하는 곳으로 돌려 다시 보는데 또다시 TV 채널를 임의로 바꾸었고 이내 분위기는 쏴~ 해졌다.

그러나 정작 형준이의 부모는 미안해 하면서도 별일이 아니라는 듯 "우리 아이가 저래요. 형준아~ 손님들이 TV 보잖니. 넌 안방에 가서 네가 보고 싶은 것 봐"라고 말해도 듣지 않았다. 그로인해 즐거웠던 마음은 사라지고 손님 대부분이 부정적으로 생각하다 못해 기분까지 상했는지 귀가를 하면서 불쾌해하는 분들도 있었다. 어른들이 시청중인 TV 채널을 마음대로 바꾸면서도 아무렇지 않게 생각하는 아이! 큰 문제라고 생각하지 않는 듯 아이를 말릴 생각을 안하거나 혼내지 못하는 부모!

아이의 행동이 위와 같을 때 아이는 타인과의 관계 등 모든 면에서 마이너스를 받게 된다. 점점 치열해지는 경쟁사회에서의 생존전략 중 가장 중요한 첫인상에서부터 문제가 된다. TV 채널을 빼앗겼다는 것은 비단 TV 채널에만 국한되는 문제가 아니다. 그만큼 부모의 권위를 잃어가고 있다는 것을 의미하며 교육(공부, 습관, 예절, 요구사항)이 필요할 때 아이를 규제할 수 없다는 것을 의미한다.

대안 찾기

① 아이에게 체험하게 한다.

아이가 좋아는 프로그램을 시청하고 있을 때 갑자기 채널을 변경하기를 반복한다. 항의를 하면 지난날 아이가 한 행동과 그 때의 기분을 조용히 얘기해주면서 산 교육 자료로 활용한다.

② TV를 1대만 둔다.

예전과 달리 거실은 물론 방마다 TV를 갖추고 있는 가정이 상당히 많다. 각자가 원하는 프로그램을 시청할 수 있다는 장점이 있는 반면 대화가 단절되고 프로그램 편식 현상이 벌어질 수 있다. 아이의 교육을 위해 거실에만 TV를 설치하면 올바른 자녀 교육과 시청 편식을 막을 수 있다.

③ TV 시청 프로그램을 사전에 결정한다.

시청할 프로그램을 사전에 아이와 협의해 예정된 시간에 예정된 프로그램만을 시청하도록 하면 가족간의 대화와 독서 등 학습 환경 조성에도 좋다.

④ 남을 배려하게 한다.

부득이 채널을 바꾸고 싶을 때는 시청자의 동의를 득해야 한다는 사실을 인지시키자. 채널 변경을 하려는 이유를 구체적으로 제시하게 하면 말을 조리있게 하는 방법도 익히게 되고 상대방을 설득하는 테크닉도 익히게 된다.

Good

아이와 TV를 볼때

아이　엄마, 왜 내가 보고 있는데 자꾸 딴데 틀어? 짜증나게.

엄마　엄마 마음대로 바꾸니까 넌 기분이 어때?

아이　기분 나빠요.

엄마　왜 기분이 나쁜데?

아이　재미있게 보고 있는데, 엄마 마음대로 다른 방송을 트니까 볼 수가 없어 기분이 나빠요.

엄마 그러면 저번에 엄마 친구왔을 때 엄마 허락받지 않고 너 마음대로 다른 방송으로 바꿀 때 엄마나 친구 기분은 어땠을까?

아이 나빠겠네요.

엄마 왜 나빴을까?

아이 보고 싶은 것을 볼 수 없으니까요.

엄마 그럼 재미있게 보고 있는 것을 엄마 마음대로 바꾸는 엄마가 좋아? 미워? (머뭇거리자) 솔직히 말해봐 밉잖아!

아이 미워요.

엄마 그럼, 엄마는 채널을 마음대로 바꾸는 우리 아들이 예뻤을까? 미웠을까?

아이 미웠을 거예요.

엄마 그럼 어떻게 해야하지?

아이 바꾸지 않아야 해요.

엄마 그래! 그런데 보고 싶은 것이 있어 꼭 바꾸고 싶으면 "엄마 내가 보고 싶은 것이 있는데 보면 안돼요? 00분만요" 라고 해.

아이 알았어요.

엄마 엄마도 아들이 딴거 보고있는데 엄마가 보고 싶은 프로가 있으면 아들에게 똑같이 할거야. 앞으로 보고 싶은 TV 프로가 있으면 서로 허락받고 바꾸기로 하자. 알았지?

부모가 아이에게 끼치는 영향은 절대적이다

예전에는 학부모들과 상담을 하면 아이들이 불쌍하다는 생각을 한동안 했다. 하지만 수년 전부터는 부모 역시 크게 다르지 않다고 생각하게 되었다. 대다수 부모들은 나는 최선을 다하는데 왜 우리 아이는 공부를 하지 않을까라고 푸념하기도 하고 또 아이 성적이 떨어지면 큰 죄를 지은듯한 모습을 보이는 경우도 있다.

Case

필자와 우진이 엄마의 대화

우진 엄마	선생님, 우리 아이 성적이 형편없이 떨어졌어요. 이렇게 떨어질 줄은 상상도 못했어요.
필자	안 좋은일 있었나 봐요?
우진 엄마	네! 제 불찰이에요. (라며 쥐구멍이라도 찾으려는 듯하다.)
필자	얼마나 떨어졌는데요?

우진 엄마	제가 건강이 좋지 않아 병원에 1개월간 입원을 해서 뒷바라지를 제대로 못했어요. 모든 것이 다 제 잘못이에요. (라며 아쉬워한다.)
필자	(성적이 궁금해 많이 떨어지지 않았기를 내심 바라면서) 성적이 어느 정도 떨어졌나요? (라고 물으니)
우진 엄마	(머뭇거리고 또 머뭇거리기를 반복하다가 모기 소리처럼 조그맣게) 과학에서 문제가 있었는데요. 3개나 틀려서… 그것 때문에 평균 0.6점이나 떨어져 어쩔줄 모르겠어요.
필자	(별 문제 아니라는 생각에 의아해 부모를 주시하다가 불현 듯) 석차는 어떻게 되었나요?
우진 엄마	전교 석차는 예전에는 12위였는데 이제 30위나 뒤처져 42등이 되었어요. 어떻게 하죠?

엄마, 아빠의 학창시절 평균 석차가 아이의 석차라는 말이 있다. 즉, 아빠와 엄마의 학창 시절(일정기간, 중 2학년 1학기 중간고사 석차)을 파악해 부모의 평균 석차를 더해 2로 나누어 나오는 석차가 아이 성적이면 정상이고 대부분 비슷하게 적중한다고 한다. 예를 들어 부모님의 중학교 2학년 1학기 중간고사 반석차가 엄마는 60명 중 25등, 아빠는 60명 중 18등이면 25등 + 18등 = 43등/2 = 21.5등으로 아이가 21.5등이면 정상으로 보는데 30명이 1개 반인 경우 11등 전후라고 볼 수 있다.

결국 성적을 전적으로 아이의 잘못으로 돌리려면 위의 기준을 적용해야 되지 않을까? 우등생 부모와 열등생 부모는 아이 학습 관리에서 상당한 차이를 보이는데, 우등생 부모는 우등생이 될 수 있도록 지도하며 열등생 부모는 자녀가 열등생이 될 수밖에 없도록 지도한다.

※ 성적에 문제가 있을 때 우등생 부모와 열등생 부모 대처법 ※

내용	대처방법	
	우등생 학부모	열등생 학부모
시험을 보고 나면	수고 했다. 난이도는 어땠니?	시험 잘 봤어? 점수 올랐니?
결과가 좋지 않을 때	어려웠던 과목이 뭐니?	그럴 줄 알았어.
원인파악 방법	아이와 시험지를 살피며 원인을 파악한다. 네가 ○○부분에서 부족한지 몰랐구나.	그러게 열심히 하라고 했잖아 엄마 말을 콧등으로도 듣지 않더니 잘됐다.
결과 대처	향상되었을 때 – 너는 좋겠다. 공부 잘하니까. 너의 꿈을 이룰 수 있어서 – 너는 얼마나 기쁘니, 노력한만큼 성과가 있어서 – 너는 엄마, 아빠의 좋은 점만 닮았어, 엄마, 아빠보다 공부하는 것은 더 낫다.	향상되었을 때 – 우리 딸, 아들 최고야 – 뭐랬어? 엄마가 하라는 대로 하니까 성적이 올랐지. – 학원 선택 잘했지. 인기 강사에게 배우니 다르지.
	미진할 때 – 어쨌든 수고했다. 나름대로 노력했는데, 다음 시험도 있잖아, 엄마도 도울 수 있으면 도울께.	미진할 때 – 너 뭐가 될려고 그러니? – 맨날 게임만 하고, TV만 보더니, 친구와 어울리더니, 내가 시키는 대로 안하더니.
대안마련	우수할 때 – 이번에 잘나왔네. 이제 혼자서 시험 계획도 잘 세우고, 실천도 문제가 없고, 이제 엄마가 도와주지 않아도 알아서 잘하네! 아이고 예쁘고 장한 내새끼(등을 토닥거리거나 포옹해 준다.) 이제부터 네가 알아서 공부하고 엄마의 도움이 필요하면 말해. 도와줄께 알았지.	우수할 때 – 거봐! 엄마가 하라는대로 해서 올랐잖아. 이제 친척들에게 체면 좀 서겠다. – 거봐. 성적 오르니 너도 나도 좋잖아. 진작 좀 잘하지. 뭐 먹고 싶니? 다음 시험때는 (불가능한 점수를 제시하며) ○○이상 , ○○등 이상 올라야 해. 못 올리기만 해봐라. 왜 대답을 안해? 성적 좀 올랐다고 벌써 건방떠는거냐라며 언성을 높인다.

결과적으로 성적이 올랐을 때는 부모의 공이며, 떨어졌거나 결과가 미진하면 아이 탓이 된다.

여러분은 어떻게 대응하고 있습니까? 아이에게 좋은 부모라고 생각하십니까? 아니면 문제가 있는 부모라고 생각하십니까? 아이는 부모의 거울이라고 할 수 있는데, 부모가 어떤 거울을 가지고 있느냐에 따라 아이에게 결정적인 영향을 미친다.

성적이 부진해도
신경쓰지 않는아이

"우리 아이는 시험을 망쳤는데도, 내일이 시험인데도 걱정을 하지 않아요", "공부하라고 아무리 애기해도 소용이 없어요", "몇 개가 틀리고, 몇 개를 맞았는지 신경 쓰지도 않아요", "꾸중을 해도 들을 때만 반성하는 척하지만 돌아서면 까맣게 잊어 버려요", "꾸중하면 오히려 반기를 들며 자신보다 못하는 친구도 있다며 오히려 큰 소리쳐요", "반성의 기미가 전혀 없어요", "시험이 끝나면 맛있는 것을 사달라고 조르고 친구들과 어울리며 해방감에 젖는 아이를 어떻게 해야 하죠?"

"옆집 아이는 평소에도 항상 시험 때처럼 열심히 하니까 우등생이 잖아요. 그 애는 우리 아이하고 딴판이에요. 공부도 알아서 스스로 하고 학원도 자신이 선택하고, 지난 번 시험 때 전 과목에서 4개 틀렸는데도 1개 더 틀렸다고 울고불고 난리를 치고 시험이 끝나고 채점하면서 많이 틀렸다고 징징거리고 오히려 부모가 다음에 잘보면 된다고 위로를 하면서 시험 끝났으니 며칠 쉬라고 해도 시험 다음날부터 독서실로, 학원으로, 개인지도를 하나 더하는 등 일찌감치 준비한다는데…."

　　왜 위와 같이 판이한 차이를 보이는 것일까? 시험 결과에 따라 나타나는 반응도 천차만별이다. 일반적으로 점수에 따라 희비가 엇갈리는 것은 사실인데 점수가 내렸다고, 의외로 올랐다고, 변화가 없다고 스트레스를 받는다. 그러나 문제는 점수에 민감하게 반응하는 그룹이 20~30%에 불과 하고 나머지는 순간적으로 반응하고 잊어버린다는 것이다. 부모 역시 70~80%는 시험 결과에 불만일 때 사생 결단을 내듯 화를 내고 중대한 일이 일어난듯 난리를 치지만 며칠만 지나면 언제 그랬냐는 듯 잊어버린다. 순식간에 끓고, 순식간에 식어버리는 양은 냄비처럼 말이다.

왜 아이들이 시험에 관심을 가지지 않을까?

① 공부를 해야 하는 구체적인 이유를 모르기 때문이다.
　　공부는 미래를 위해 꼭 필요하다는 생각보다 부모의 성화때문에, 남이 하니까, 안하면 혼나니까 등으로 생각해서 마지못해 공부하는 관계로 적극성을 띄지 않는다.
② 현재 크게 불리한 것이 없기 때문이다.
　　공부의 중요성보다 현재의 안일을 우선시하기 때문에 가능하면 피하고 혼날 것 같으면 적당히 핑계를 대어 위기를 모면하는 것이 유리하다고 생각한다.

③ 극상위권을 괴물 이야기라고 생각한다.

흔히 전 과목 253문제 중 2개 틀렸다고 하면 우등생을 제외한 대부분의 아이들은 사람이 아닌 괴물이라고 생각한다.

④ 나는 불가능하다고 생각한다.

아이들은 꿈에서 조차도 자신이 가능하다든가 닮으려는 생각도, 시도도 하지 않는다.

⑤ 목표가 뚜렷하지 않다.

분기별, 년 성적 향상 목표가 설정되지 않거나 현재 성적은 전교 250위인데 50위, 20위, 10위 권, 100점 목표 등 불가능한 목표를 제시해 의욕마저 꺽어 버린다.

⑥ 방법을 제시하지 않는다.

목표를 제시했다면 구체적인 방법을 아이와 상의하여 제시해야 하는데 목표만 제시하고 세부적인 방법은 학원 그리고 아이에게 일임하고 무책임하게 책임만 추궁한다.

⑦ 잔소리는 잠깐이고 즐거움은 길다.

목표에 미달해도 꾸준히 관심을 가지고 지켜보기보다는 성적표가 나왔을때만 난리를 치면서 그럴 줄 알았다 등으로 잠깐 그때뿐이다. 때문에 꾸준히 공부를 하는 것보다 즐겁게 놀고 잠깐 꾸중을 듣는 것이 유리하다는 판단을 하게 된다.

시험을 중요하게 생각하게 하려면

무엇보다 공부의 즐거움을 깨닫게 해야 한다. 공부가 싫은 것은 흥미를 느끼지 못하기 때문이다. 즉, 지루하고 답답하기 때문이며 고통에 비해 성취감이 현저히 낮다. 수준을 떠나 아이가 노력한 만큼 시간별, 일일, 1주, 1개월, 시험시 노력에 부응하는 결과가 나타날 수 있도록 배려하여야 한다. 성취감은 점수의 높고 낮음이 아니라 기대치에 의해 결정되는데 90점 아이가 95점으로 성적이 향상되는 것과 60점 아이가 65점으로 향상될 때 성취감은 같을 수도 있거나 오히려 65점으로 향상된 아이가 더 큰 성취감을 느낄 수도 있다. 부모의 생각과 아이의 차이일수 있는데 공부를 하는 당사자는 아이라는 사실에 더 비중을 두어야 한다.

또 대부분의 아이들은 공부의 필요성을 구체적으로 모르기 때문에 중요하게 생각하지 않는다. 체험(일반직 : 막노동, 알바, 서비스업, 귀격직업 : 병원, 법원, 대학방문, 교수 등 전문직 종사자 실태 견학시킴)을 통해 생존과 삶의 질을 결정하는데 중요하게 작용할 수 있다는 사실을 인식하게 한다.

간혹 부모들이 급하다고, 많이 뒤쳐져있다고 수준에도 맞지 않는 목표 설정으로 예전의 실패를 재연하는 경우가 많은데 그럴수록 천리길도 한 걸음부터라는 생각으로 계획을 세운다.

90점대 이하라면 공부량을 증가시키기보다 아이의 과목별 문제점(약점 과목, 실수 등)을 파악하는 등 대안을 제시해야 한다. 즉, 이해력에 문제가 있다면 교과서 어휘력에 6개월정도 집중하면 전 과목 성적이 서서히 향상되기 시작한다. 그리고 노력에 대한 대가를 지불한다. 노력에 대한 대가는 물질적, 정신적으로 구분할 수 있는데 공부는 미래에 대한 준비 과정으로 아이에게는 병이 없는데 강제로 주사를 맞으라고 하거나 육체적으로 심한 고통 또는 수술을 받는 고통처럼 다가 설 수 있다. 그렇기 때문에 칭찬과 격려 그리고 물질적인 대가도 미래를 위해 고통을 감수하는 아이에게 절대적으로 필요하다.

숙제를 왜 공부의 전부라고 생각할까? I

아이와 부모의 트러블이 주로 공부 때문에 생기는데 부모는 항상 "아이에게 공부 안하니? 언제 할 거야? 그만 놀고 이제 공부해! 그놈의 공부 스스로 알아서 하면 안 되니? 공부로 이제 속좀 그만 썩혀라. 너만 보면 속이 터진다"라고 하며, 아이는 "알았어. 할거야! 이제 한다니까! 잔소리 좀 그만해요. 공부할게요. 누가 공부를 만든 거야. 아! 짜증나. 안 그래도 이제 하려고 했어요."라는 대화가 일상적이다. 그러나 엄마의 공부하라는 지시에 아이는 가끔 "공부 다 했어! 숙제를 다했으니까 이제 할 것없어."라고 대답하는 경우가 있다.

공부가 끝이 있을까? 평생을 해도 못한다는 것이 공부(배움)인데, 성인도 아닌 학생이 그것도 초·중생에게 가능한 일 일까?

학교에서 아이에게 부여하는 숙제를 풀이하면 숙제(宿題)는 학교에서 배운 것의 복습과 예습을 위해 내주는 과제로 정의된다. 숙제는 손에 쥐어주는 공부로 무엇을 할 것인지 구분지어 주는 것이며 대부분 필기 위주로 부여한다(간혹 이해 위주의 의견제시, 연구하기 등도 있지만).

숙제가 끝나면 왜 공부 끝이라고 생각하는지 알아보자.

- 선생님이 공부 시간에 내일, 다음 시간까지 ○○과목, ○○단원, ○○페이지까지 핵심요약, 교과서 필기 등으로 지시한다. 선생님의 지시에 순응하면서 특히 자신에게 유리한 경우 부모의 생각과 다르게 숙제를 다하면 공부를 다했다고 합리화시킨다.
- 부모는 공부 전체(지난 성적, 문제 과목 등)를 보는 반면 아이는 현재(오늘)만 생각하기 때문에 부여된 숙제만 하면 된다고 생각한다.

아이는 왜 숙제만 하면 공부할 것이 없을까? 지금 자기가 부족한 것이 무엇인지 모르기 때문에 즉, 모르는 것과 아는 것을 구별할 수 없다.

숙제를 해도 우등생과 열등생의 학습은 상당한 차이를 보이는데 우등생은 내용을 음미하면서 필기를 하고 열등생은 글자 모양을 그리기 때문에 내용 이해와 상관없이 빈 공간을 글씨로 채우는 과정일 가능성이 많다.

부모와 아이의 공부 반응을 대화 형식으로 제시한다

Case 1

공부하고 있다고 생각했는데 놀고 있는 우진이를 본 엄마

부모   우진아 공부 안해?

우진   숙제 다 했어요.

부모　무슨 숙제를 벌써 다해?

우진　다했다니까요.

부모　정말이니?

우진　와서 보세요.

부모　글씨 좀 제대로 써 그게뭐니? 알아볼 수도 없겠다! (하며 지도도 하지 않고 힐끗 보고 고개를 돌린다.)

우진　숙제 다 했으니 이제 놀거에요. (게임, TV, 외출)

부모　알았어! 그래 이제 놀아!

공부하고 있다고 생각했는데 놀고 있는 우진이를 본 엄마

부모　우진아 공부 안해?

우진　숙제 다 했어요.

부모　무슨 숙제를 금방 다해? 정말이야?

우진　와서 보세요.

부모　(혼자 중얼거리듯) 학교에서 숙제도 적게 내주었나? 좀 많이 내주지. 우리 애는 숙제만 하면 공부 안 하는데….

부모　그래도 공부 좀 더해라.

우진　숙제 다 했단 말이야. 이제 공부 할 것이 없어. 그리고 선생님도 숙제만 하라고 했단말야.

부모　그래 알았어! 그래 놀던지 말든지 네 마음대로 해. (라고 불만스러운 표정을 짓는다.)

공부방에서 나오는 우진이를 본 엄마

부모   우진아! 공부 안하고 벌써 나와?

우진   숙제 다 했어요.

부모   숙제했다고 공부를 다 한 거니? 공부가 끝이 어디 있어?

우진   선생님이 숙제만 하면 된다고 했단 말이에요.

부모   학교 숙제는 누구나 하는거야. 네가 그렇게 생각하니까 성적이 오르지 않는 거야.

우진   (에이 괜히 숙제 빨리 했네라고 중얼거리며) 그러면 뭐 해요?

부모   우선 숙제하느라 힘들었으니까 1시간 쉬어.

1시간 후

부모   우진아 그만 놀고 공부하자.

우진   네! 알았어요.

부모   지난번 시험에서 나눗셈 문제를 많이 틀렸지? 그래서 엄마가 우진이가 틀렸던 것보다 쉬운 걸로 5문제와 지난번 시험 문제와 비슷한 문제 5개를 줄 테니까 풀어봐! 풀기 전에 궁금한 것 있으면 물어보거나 표시해서 선생님에게 질문해.

공부하고 있다고 생각했는데 놀고 있는 우진이를 본 엄마

부모   우진이 다음에 무엇 하는 시간이니?

우진   숙제 다 했으니까 7시부터는 지난 시험에서 망친 영어 단어 공부를 해야 해요.

부모   영어 단어 암기는 잘되니?

우진   나는 수학이나 과학은 잘하는데 암기는 잘 안되요.

부모   그래! 어렵다는 수학은 잘하면서 언어는 약 하더라.

우진   좀 더 열심히 해 볼게요.

부모   일요일에 서점에 가보자.

우진   왜요?

부모   영어단어 암기 잘하는 방법, 영어를 쉽게 하는 책이 있는지 알아보게 그리고 우리 우진이와 데이트도 하고 공부하느라 고생하는 우진이에게 맛있는 것도 사주고 싶어서.

우진   다음 시험에는 영어 성적 향상시킬게요.

부모   그래, 우진이와 엄마가 계획 세운대로 실천한다면 충분히 가능할거야.

수준별 공부에 임하는 태도를 비교해 본다

내용＼구분	우등생 아이	열등생 아이	우등생 부모	열등생 부모
숙제에 대한 생각	기본으로 하는 공부	공부의 전부	기본적인 공부	해야 할 공부
성적 향상 비결	숙제 외 공부	모름	취약과목 집중	더 열심히
자신의 부족한 부분	알고 있다	모름	알고 있다	모름 (구체적으로 모름)
숙제 외 공부	알고 있다	모름	구체적으로 알고 있다	구체적으로 모른다
여유시간이 있으면	스스로 알아서 공부한다	무엇을 할 것인지 모른다	구체적으로 지시한다	공부하라고 다그친다

　　결론적으로 우등생에게 있어 숙제는 기본이며 공부는 자신의 부족한 부분을 보충하는 것이라고 생각하는 반면에 열등생은 숙제가 끝나면 공부할 것이 없다고 생각한다. 그러므로 숙제만 끝나면 공부할 것이 없다고 생각하는 아이에게는 아는 것과 모르는 것을 구분하게 하고 숙제 이후는 모르는 부분(뒤진 부분, 기초 보충 등)을 제시하고 매일 구체적인 계획을 세워 실천하도록 하는 손에 쥐어주는 공부가 되어야 한다.

손에 쥐어지는 공부

공부할 내용을 숙제처럼 ○○과목 ○○단원 ○○페이지까지 핵심 요약, 교과서 필기 ○○번 하기, 암기, 주요 내용 엄마에게 말하기 등으로 지시하는데 자신이 스스로 공부 계획을 세울수 있거나 아는 문제, 모르는 문제를 구별할 때까지 지속한다.

숙제를 왜 공부의 전부라고 생각할까? Ⅱ

공부하라고 얘기하면 공부 다 했다고 하는 아이와 오늘도 어김없이 공부 전쟁중인 엄마. 학교에서 돌아온 우진이는 게임에 열중하고 있다. 아까부터 공부하라는 엄마의 성화에 우진이는 건성으로 앵무새처럼 "알았어요."를 반복한다. "아까부터 알았다는 말만하고 공부는 언제 할거야? 엄마가 하라고 안해도 스스로 알아서 하면 안되는거니? 왜 그토록 공부를 싫어하는 줄 모르겠어! 네가 알아서 공부하면 엄마는 소원이 없겠다."

마지못해 방에 들어가서는 20분도 되지 않아 공부 다 했다며 나온다. 수십번 애걸하다시피 했는데 겨우 20분이라니 엄마는 화가 머리끝까지 치민다.

열등생 우진이의 주말

엄마　우진아 언제까지 빈둥거릴거야? 빨리 공부 안하고 뭐해!

우진　알았어요. 조금있다가 할께요.

엄마　그만 놀고 빨리해. (집안이 떠나갈 듯한 목소리로) 지금 안하면 혼나! 가만두지 않을거야? (라며 호통을 친다.)

우진　알았어요. 조금있다가 하려고 했는데... (라고 궁시렁 거리며 공부방으로 들어간다.)

잠시 후 우진이가 공부방에서 나오면서

우진　엄마 공부 다했어요.

엄마　무슨 공부를 벌써 다해? 금방 공부한다고 방에 들어갔잖아.

우진　다했어요.

엄마　무슨 공부 했는데?

우진　학교 숙제 다했어요.

엄마　(학교 숙제는 얼마나 내 주었길래라고 혼잣말을 하며) 가져와봐.

우진　여기요.

엄마　(휘갈겨 쓴 글씨 2페이지도 되지 않는다) 글씨가 이게 뭐니? 숙제도 이것밖에 안돼?

우진　얼마나 힘들게 했는데.

엄마　숙제를 했으면 이제는 다른 공부 좀 더해!

우진　다른 공부 무엇을 해요?

엄마　엄마가 일일이 말을 해야 하니! 공부도 못하는 놈이 공부할 것이 없다고 하니 기가 막혀서. 공부나 잘하면 또 몰라.

우진　선생님이 숙제만 하면 된다고 했단말이야.

엄마　그러니까 성적이 엉망이잖아.

우진 난 숙제하고 나면 무슨 공부를 해야 하는지 몰라 그럼 엄마가 정해 줘, 무엇을 해야 하는지.

엄마 엄마가 어떻게 알아. 네 공부는 네가 알아서 해야지. (또는 부족한 것 알아서 해)

우진 난 모르겠어.

엄마 하기 싫으니까 별 핑계를 다대요, 옆집 현정이는 숙제 끝나고 공부를 알아서 다한다고 하더라. 그러니까 공부를 못하지.

우등생 우진이의 주말

엄마 우진아 언제까지 빈둥거릴거야? 빨리 공부안하고 뭐해?

우진 알았어요. 안 그래도 조금 있다가 할려고 했어요.

잠시 후

우진 엄마 숙제 다 했어요.

엄마 무슨 공부를 벌써 다해? 금방 공부한다고 방에 들어갔잖아.

우진 이제 학교 숙제 다 했다구요.

엄마 숙제를 했으면 이제는 뭐 할거야?

우진 ○○시부터 과학 원소 부호 암기할거에요.

엄마 그래 지난 시험에 과학도 문제지만 수학도 망쳤잖니. 함수 기초 보충도 해야 해. 알았니?

우진 네! 생각하고 있어요. 함수는 처음에 소홀이 생각해서 문제가 되더니 끝까지 애를 먹이네요.

엄마 그래, 힘들더라도 다음 시험준비를 위해 부족한 것 보충을 위해 노력해야해.

우진 네 알았어요. 그런데 엄마?

엄마 왜?

우진 함수는 어려워서 혼자 못하겠어요. 학원(개인지도 등)에 수강하게 해
      주셔야 할 것 같아요.

엄마 알았어. 그러니까 공부시간에 한 눈팔지 말고 열심히 공부해. 수강
      료가 만만치 않아.

우진 알았어요. 다음부터 열심히 할게요.

엄마 도덕도 이번 시험 망쳤잖아.

우진 네.

엄마 이번주 일요일날 아빠하고 엄마가 도덕은 같이 봐줄테니까 일요일
      날 시간 비워놔.

우진 (밝은 표정으로) 네! 다음 시험은 잘 볼 수 있겠네요.

엄마 그래! 엄마, 아빠가 도와주니 잘 봐야지. 그래야 우진이가 하고 싶
      은 직업을 가질 수 있잖아.

과제물이 공부의 전부라고 생각하는 아이,
과제물이 끝나면 공부 할 것이 없다고 생각하는 아이!

무엇이 문제인가? 자신이 무엇을 모르는지, 아는 것이 무엇인지 조차
모르기 때문이다. 자신의 단점을 알아야 고칠 수 있는데 장점도, 단점조
차 파악하지 못하고 있는 것과 마찬가지이다. 부모는 자녀의 성적을 향
상시키기 위해 공부가 필요하다고 생각해서 독촉할 수밖에 없고 아이는
부모의 성화때문에라도 공부를 해야 하는데 숙제외에는 방법을 모르고
있다. 그러므로 공부를 시키는 대로 필기하고 5지선다형 문제를 찍어서

숙제를 이수하는 것이 80점 이하대 아이가 할 수 있는 최선이며 공부의 한계라고 할 수 있다.

부모 역시 아이가 열심히 공부를 해야 하는데 하지 않으니 잔소리만 늘어놓게 된다. 아이가 무엇을 해야 하느냐는 질문에 아이의 학습 문제점을 파악하지 못했기 때문에 대안을 제시하지 못하게 되며 아이가 공부를 하기 싫어 한다는 생각에 무조건 공부를 강요하게 된다.

대안 찾기

스스로 공부를 찾아서 하지 못하는 80점대의 아이들은 모르는 것, 부족한 것이 무엇인지 모르며 설혹 안다고 해도 공부방법을 모르기 때문에 스스로 학습은 불가능하다. 그러므로 부모는 아이에게 공부할 내용을 구체적으로 제시하고 몇시까지, 어느 부분까지, 어떻게 끝내라는 등의 구체적인 지시를 해야 한다.

① 수학의 경우

엄마가 적어준 공식을 암기(이해)하고 ○○를 풀어라
② 영어의 경우

오늘은 몇페이지부터 몇페이지까지 있는 단어 17개 암기하는데 쓰면서 해야 한다.
③ 국어의 경우

모르는 어휘 6개를 교과서에 표시해 놨으니 암기(의미를 간단하게 적게 하고)하고, 국어책 읽어라 등 자세하고 구체적으로 지시해야 한다.

아이의 눈이 빛나게 하려면 우상을 만들어주자

아이에게 우상이 필요한 이유는 자신이 하고 싶은 진로(직업)를 결정하게 만들어준다. 진로를 결정하게 되면 목표(점수, 대학, 학과)를 결정하고 목표를 결정하면 목표를 이루기 위한 공부계획을 구체적으로 수립한다. 공부계획을 수립하면 실천을 하게 되고 실천을 하게 되면 성취감을 느끼게 된다. 또 성취감을 느끼게 되면 의욕이 생기고 스스로 할 수 있는 용기와 함께 자신감을 갖는다. 하지만 대부분의 부모들은 공부를 한창 해야 할 나이에 가수, 탤런트, 연극, 비보이 또는 부모의 생각과 전혀 다른 사람들을 우상으로 생각하고 그쪽 분야에 관심을 가져 공부와 상관없는 것에 시간을 빼앗긴다고 혼을 내며 반대한다. 그렇게 반대하는 학부모들의 말이 전혀 틀리다고는 할 수 없다. 왜냐하면 그 분야는 천부적인 재능이 있어야 하고 타 업종보다 더많은 노력이 있어야 가능하며 성공할 확률이 상당히 낮기 때문이다.

그렇다고 꼭 기를 쓰고 반대해야 할까? 필자가 학부모들을 대상으로 하는 강연회에서 어릴 때 꿈을 이룬 분들은 손을 들어보라고 하면 손을 드는 사람들은 거의 전무하다. 결국 어릴 때 꿈은 꿈으로 끝나는 경우가 많다는 것을 의미한다. 그러나 사회적으로 성공한 사람들의 대부분은 어렸을 때 자신만의 꿈(우상)을 가지고 있었고 그 꿈이 자신의 전부였으며 꿈은 우상으로부터 시작되었고 우상을 닮기 위해 쉼 없이 노력을 했다는 것이다. 그렇다면 아이의 우상을 도외시하고 부정적으로 생각하고 배척해야만 할까? 저자도 학창시절 홍콩 여배우를 너무 좋아해서 그 여배우와 펜팔을 하기위해 한문 3,000자를 기를 쓰고 공부한 적이 있다. 결국 펜팔은 하지 못했지만 덕분에 한문은 어느 정도 익히게 되었다. 무엇이든 긍정적인 면과 부정적인 면이 동시에 존재하는데 다만 긍정적인 부분이 얼마나 많느냐의 차이일 뿐이다. 문제는 사리분별없이 맹목적으로 좋아하고, 추종하고 따르는 것이다. 극단적이지 않다면 엄마, 아빠가 기를 쓰면서 반대할 필요가 없다고 본다.

우상이 주는 긍정적인 효과

① 변할 수 있는 요소를 가진다.

　사춘기는 정신적, 육체적으로 미성숙한 단계로 순간적인 감정으로 몰입하기 쉬운 시기이며 변화의 가능성이 많은데 반대에 부딪히면 그 반발심으로 더욱 맹목적로 빠져들 수 있다.

② 성실함을 배운다.

　어느 분야를 막론하고 성공하거나 대중의 인기를 얻는 등 인정을 받고 있다면 성실성과 집중력이 높아야 가능하므로 우상으로 생각하는 인물처럼 되려고 노력하게 되면 사춘기 아이들에게는 스스로 성숙해지는 계기가 될 수 있다.

③ 목표가 정해진다.

목표가 없는 배가 항구를 떠날 수 없고, 목표가 없으면 전진이 없듯이 아이들에게 목표가 대단히 중요하다. 목표를 위해 꾸준히 노력하는 바탕이 마련되며 건전한 학창 생활을 할 가능성이 많기 때문이다.

④ 실력을 키운다.

성공하는 사람들의 기본 요소인 성실, 노력, 인내심, 집중력 등이 향상되어 꿈과 목표가 일치할 때 일취월장하게 된다.

⑤ 성장하면서 변한다.

어릴 때 꿈이 이루어지는 경우도 있지만 대부분 물거품으로 변한다. 그러므로 우상을 비판하거나 부정적으로 생각하기보다 아이가 우상으로 생각하게 된 원인을 파악하고 우상의 긍정적인 면을 부각시켜 학습으로 활용할 수 있도록 해야 한다.

우상으로 생각하는 사람처럼되기 위해 필요한 것들을 학교 공부와 간접적으로 연계시키면 우상으로 인해 자발적으로 학습에 임하게 된다. 그러므로 아이가 바르게 성장하기 위해서는 우상은 없는 것보다 있는 것이 여러모로 훨씬 좋다. 우상의 질을 따지기 전에 우상이 있다는 것을 긍정적으로 생각해야 하고 우상이 있을 때 아이들은 적극적으로 변하고 눈동자도 빛나게 된다. 부모가 추구하는 점수 위주의 공부는 아이 인생 전체를 100조각의 퍼즐이라고 한다면 10조각에도 미치지 못할 수도 있다. 다만 점수 위주의 공부가 가장 필요한 시기일 뿐이다.

요즘 아이들 왜 매 맞는 것을 두려워하지 않을까?

많은 학부모들이 하는 말이 "우리 아이가 매 맞는 것을 두려워하지 않아요", "약속을 지키지 않거나 공부를 하지 않으면 체벌을 한다고 해도 눈도 깜짝하지 않아요", "우리 때 하고 틀린 것 같아요. 부모님이 회초리만 들면, 아니 회초리 소리만 해도 기겁을 했는데… 회초리가 만병통치약이나 다를 바 없었는데, 우리 아이는 왜 그런지 도통 알 수가 없네요"라며 의아해 하면서도 불안해한다. 이유가 무엇일까?

먼저 체벌이 무엇인지 알아보자. 체벌(體罰)에는 육체적인 체벌과 정신적인 체벌로 나눌 수 있다. 육체적인 체벌은 몸에 고통과 괴로움을 가하는 것이며 정신적인 체벌은 정신적으로 압박하는 것이라고 할 수 있다. 대부분의 부모가 체벌을 육체적인 체벌로만 생각해서 회초리를 떠올리는데 예전에 비해 활용하는 빈도는 적은 편이다.

사회도 교육과 설득 그리고 범칙금, 구류 등으로 통제가 안되면 구금하고, 구금으로도 통제가 되지 않으면 사형이라는 극약처방을 내린다.

아이 역시 이해와 지시 그리고 설득을 해도 지시를 이행하지 않으면 최
후의 수단으로 체벌이라는 마지막 카드를 꺼낸다. 그러나 체벌이라는
마지막 카드로도 아이가 통제되지 않는다면 더 이상의 통제 수단이 없
기 때문에 아이는 고삐 풀린 망아지처럼 통제 불능 상태에 빠지게 된다.

무엇이 아이에게 체벌도 통하지 않게 만들었을까?

① 아이에게 자존감을 심어주지 않았다.

자존감(自尊感)이란 스스로 자기를 높이는 마음, 긍지를 가지고 자기
의 품위를 지키려는 마음, 인격성의 절대적 가치와 존엄을 제 스스
로 인식하는 마음을 말한다. 자존감이 있는 아이는 절대로 인격적
으로 모욕을 당하거나 비하되는 것을 견디지 못한다. 특히 체벌 등
은 결코 용납하지 않으며 힘이 들더라도 체벌이나 모욕을 당하지
않으려고 한다.

② 아이가 부모를 사랑하고 있지 않기 때문일 수 있다.

내가 사랑하거나 존경받는 대상에게 부정적으로 보이려고 하는 경
우는 전무하다. 체벌을 자초하는 것은 반발심과 반항 때문일 수 있
다.

③ 체벌 카드를 함부로 사용하였다.

체벌은 가능하면 사용하지 않아야 하며 최악의 경우 마지막 카드
로 사용해야 하는데 특별한 기준없이 수시로 남발할 때 체벌 효과
가 미미해져 그 의미가 약해진다.

④ 체벌을 체벌로 활용하지 않았다.

체벌은 평생 1~2회를 넘지 않아야 하는데 체벌을 공갈, 협박의 수단으로 활용했기 때문에 두렵게 생각하지 않는 것이다.

⑤ 체벌하는 방법을 알지 못했다.

체벌은 평생 잊지 못할만큼 강력한 체벌일 때 효과가 극대화되며 아이에게 브레이크 역할을 할 수 있다.

아이가 체벌을 두려워하게 하려면

① 아이에게 자존감을 심어준다.

자신의 소중함을 심어줄 때 체벌의 치욕을 알게 되기 때문에 체벌을 선택하지 않게 된다.

② 체벌 전에 이해와 설득 그리고 체벌 시 고통을 충분히 이해시킨다.

체벌을 결정하기 전 필수불가결한 요소라는 것을 인지시키고 체벌의 고통을 최대한 이해시키려고 노력한다. 평상시 애정을 듬뿍 주고 부모의 지시를 어기거나 최선을 다하지 않으면 실망할 것이라고 암시한다.

③ 마지막 카드라고 생각한다.

아이가 해야 할 사안에 대해 이해, 설득, 강요, 협박 등에도 지시에 불응할 경우 마지막 방법이라는 생각으로 체벌을 결정해야 하는 것은 더 이상의 방법은 없기 때문이다.

④ 체벌을 체벌처럼 한다.

체벌을 체벌답게 해야 하는데 언어 체벌(공갈, 협박, 위협)로 일관하거나 형식적인 체벌이 문제가 된다.

우리 아이 왜
개성이 없을까?

현재도, 미래도 자기만의 개성 시대라고 한다. 그리고 개성 있는 아이로 키우려고 음악, 미술, 발레, 한국 무용, 판소리 등을 지도하는 부모들도 상당히 많다. 그런데 이처럼 교육하면 개성있는 아이로 성장시킬 수 있을까?

여기서 개성이 무엇인지 알고 가자. 개성은 '타고난 고유의 성격' 으로 정의된다. 그런 개성의 정의를 부모들은 정확히 알고 있는가. 필자는 부모가 '아이의 개성을 찾아 키우기보다 오히려 개성을 말살하지 않는가' 라는 의문을 가질 때가 많다. 아이가 개성을 갖기를 원하고 또 없다고 한탄하면서도 오히려 개성을 말살시키는 교육을 하고 있는 듯한 느낌을 지울 수 없기 때문이다.

카메라로 유명한 일본의 모 회장은 기회를 이렇게 정의하였다. 기회란 내가 새로운 것을 시작하려고 할 때 주위 사람들이 미친 사람, 병신, 돌아이 등으로 생각하며 아무짝에도 쓸모없고 100% 실패한다고 비아냥

거릴 때가 절호의 기회라고 하였다. 그것은 개성이 있기에 가능했으며 남이 미처 생각하지 못하는 것을 생각해내고 비전 가능성을 타진하고 구체적인 계획을 세우고 실천할 때 성공의 가능성은 높아지고 출세의 가도를 걷게 되기 때문이다.

아이들의 개성이 없어지는 원인

① 아이에게 관심을 가지는 시간이 너무 많다.

관심이 적어도 문제지만 너무 많아도 문제인 것은 아이의 행동 하나하나를 주시하고 자신의 기준에 어긋나면 통제를 하기 때문이다.

② 부모가 원하는 아이로 성장시키려고 한다.

개성이란 어쩌면 부모의 기준에서 벗어나는 것이라고 할 수 있지 않을까? 부모의 지시에 순종하는 아이로 성장한다면 부모보다 뛰어난 능력을 가지기 어려운 것은 부모의 생각과 행동을 모방하기 때문이다. 부모가 과거와 현재의 삶을 100% 만족하며 아이의 미래도 100% 완벽한 삶(출세, 성공)을 확신한다면 문제가 되지 않지만 그렇게 되는 것은 불가능에 가깝다.

③ 아이가 원하는 것을 무조건 부정적으로 생각한다.

부모가 원하지 않는 행동은 불안하고 부모와 다른 행동은 쓸데없는 모험이라고 생각한다. 개성이란 고유의 생각인데 위와 같을 때 개성을 살릴 수 있을까?

④ 예전의 출세 공식이 정답이라고 생각한다.

아이의 할아버지로부터 받은 교육과 자신의 교육관은 수십 년전부
터 현재에 이르는 것으로 그동안 사회는 급격한 변화를 겪었고 아
이의 미래를 감안하면 그 변화는 상상을 초월한다. 예전처럼 훌륭
한 사람, 출세의 기준이 공부를 잘해서 명문대에 입학하고, 고시
패스해서 법관이 되고 고위 공무원이 되는 것을 목표로 생각하는
것이 전부라고 생각을 한다면 문제는 심각해진다.
⑤ 부모가 못이룬 소원을 아이를 통해 풀려고 한다.

가장 문제가 되는 경우로 아이는 부모의 부속물이 아닌 하나의 인
격체임에도 불구하고 이루지 못한 부모의 소망을 자신의 2세인 자
녀를 통해 이루려는 경향이 있다. 그런 욕심은 양자에게 불행한 일
임에 틀림없다.

아이의 개성을 살려 주려면

① 아이의 행동을 가능하면 통제하지 않는다.

아이에게 무조건 "안돼!, 하지마!", "엄마가 시키는 대로만 해! 네
생각은 필요없어", "넌 공부만 열심히 하면돼!", "쓸데없는 생각할
시간 있으면 공부나 해"라고 하지말고 아이 스스로 생각하고 행동
하면서 시행 착오를 겪을 수 있도록 유도해야 한다.
② 부모의 생각과 다른 행동을 긍정적으로 생각한다.

아이가 예상하지 못하는 말이나 행동을 하면 나와 다른 점이 이것
일 수 있다는 생각으로 긍정적으로 생각하려고 노력하며 반색을
하면서 칭찬을 많이 하며, 엄마가 어렸을 때는 생각도 못했고 친척

이나 엄마친구 아이들도 생각하지 못했던 것이라고 용기를 복돋아 주어야 한다.

③ 예상외의 행동을 하면 이유를 알아본다.

아이가 예상 밖의 행동을 하면 무조건 제지하기보다 먼저 원인을 알아보아야 한다. 예컨대 "어떻게 이런 생각을 다 했니?", "도대체 어떻게 이런 생각을 다할 수 있어? 엄마는 너의 생각과 행동에 깜짝 놀랐어", "넌 정말 똑똑해. 우리 딸이 이렇게 영리하고 똑똑한줄 몰랐네, 정말 자랑스러워"라고 칭찬을 하며, 그렇게 생각하게 된 계기를 아이에게 들어보고 기발한 생각에는 한층 더 칭찬을 한다.

자녀의 다가오는 미래인 개성 시대에 대처하려면 자녀의 선천적인 개성도 발굴하려고 해야 하지만 비전이 있는 직업을 위해 인위적으로 개성을 만들 수도 있어야 한다.

무한한 가능성이 있는 아이들! 부모의 빨간색 안경으로 파란색 안경의 아이를 보고 문제라고 판단하는 우를 범할 수 있다. 부모의 기준으로 아이를 예단하고 재단하고 결론내지 말자. 아이의 안경으로도 볼 수 있어야 한다. 평상시 부모의 지적 능력과 미래를 보는 혜안에 따라 얼마든지 바뀔 수 있다는 생각으로 자녀의 미래를 위해 개성 계발에 주력하는 것이 무엇보다도 중요하다.

Chapter 03

꿈을 이루기위한 필수요소

아이의 미래를 위한 AQ 능력을 배양하자

사람의 평가기준 또는 성공 가능성, 추구하는 목표는 시대에 따라 상당한 차이를 보인다. IQ 이외에도 심리학자들은 여러 가지 지수를 만들어 냈다. 감성 지수(EQ), 도덕 지수(MQ), 창의력 지수(CQ), 역경 지수(AQ) 등을 꼽을 수 있다.

최근에는 AQ(Adversity Quotient)를 중시하는 경향으로 변하고 있는데 미래의 교육(삶)은 역경을 이겨나가는 힘이 무엇보다도 중요하게 생각되기 때문이라고 한다. 그래서 AQ를 강조하는데 AQ는 위기, 불안, 인내를 통합해 역경이라고 하며 역경을 이겨내는 상태를 나타낸 것이 역경 지수라고 한다. AQ는 미래는 역경을 이겨내는 능력이 성공을 결정한다고 바라보는데, 우리의 삶에 역경이 파도처럼 밀려 올 것이라고 예측하기 때문이다.

역경(逆境)을 사전에서는 '일이 뜻대로 되지 않는 불행한 처지. 고통이 많은 불행한 처지' 라고 정의하고 있다. 즉, 예전에는 출세 공식이 단순

했지만 미래는 고통과 불행을 이겨내는 힘이 미래를 결정한다고 볼 수 있다는 것이다. 아이들의 미래 대비는 AQ 능력을 향상시키는 것이며 AQ 능력의 향상을 위해 면역력을 기르는 것이 중요함을 의미한다.

연세가 많은 어르신들에게 가을이 되면 감기 예방 접종을 하고 어린 이들에게는 면역력을 키우기 위해 예방 접종을 한다. 그것은 현재는 문제가 없지만 머지않아 다가올 겨울철 독감을 대비한 조치라고 할 수 있다.

미국 커뮤니케이션 이론가인 폴 스톨츠(Paul G. Stoltz)는 강연에서 AQ를 목표 달성에 비유하면서 난관에 부딪혔을 때 ① 포기하는 사람, ② 적당히 쉴 곳을 찾아 휴식을 취하면서 포기할 생각을 하는 사람, ③ 잠시 휴식을 취한 후 끝까지 목표를 달성하는 사람이 있는데 AQ가 높은 사람은 ③의 경우가 해당된다고 한다.

아이들에게 AQ 능력 배양이 필요한 것도 이 때문이다. 역경의 대부분은 누구에게나 예고없이 찾아오며 피할 수 없기 때문에 대비하지 않는 경우 최악의 결과를 초래해 돌이킬 수 없는 상태에 이르게 한다.

역경은 누구나 원하지도 가까이 하려고 하지도 않으며 평상시에는 전혀 느끼지도 못하는 존재여서 다가오는 것도 느낄 수 없어서 막상 닥치고 나면 속수무책으로 당할 수밖에 없다. 평소에 역경을 이겨내는 힘이 필요하다고 생각하지 않는다는데 문제가 있다.

AQ(역경)를 기르기 위해 필요한 것은

예전에도 역경을 이기는 힘이 필요했지만 농경시대, 산업사회는 육체적인 노동을 위주로 하였기 때문에 육체적 고통과 스트레스를 자주 겪어 면역력을 가지고 있었기 때문에 큰 문제가 되지 않았다. 그러나 의식주가 해결되면서 역경을 헤쳐나갈 능력을 배양하지 못했으며 특히 정보화시대 도래로 업무 자체가 정신적인 내용에 치중되어 있어 육체적인 고통을 체험할 기회가 미미해진 것이 현실이다. 그러나 아이가 생존할 미래는 과거보다 월등히 많은 역경을 이겨내야 하는 시대가 도래한다는 사실을 인식하고 있어야 한다.

그렇기 때문에 역경과 같이 생활할 수 있는 힘을 길러야 한다. 근래에 이르러 자살이 급증하고 있다. 과거에 비해 생활 수준이 풍족해졌으나 자살이 증가하고 있는 것은 역경을 이겨내는 힘이 그만큼 약해졌기 때문이다. 그것은 역경과 같이 생활하지 않았기 때문으로 역경과 친숙하지 않았기 때문에 역경을 이길 수 없는 것으로 생각하고 역경과의 싸움을 쉽게 포기하려는 경향이 있다. 역경을 이기는 길은 역경의 정체를 파악하고 역경보다 강한 힘을 기를 때 가능하다.

부모는 자식 사랑을 사달라는 것은 다 사주고, 싫어하면 시키지 않고, 즐겁고 편하게 해주는 것이 최선이라고 생각하며 노력하고 있다. 과연 그럴까? 성공하는 그룹과 그렇지 못한 그룹과의 차이는 결과도 판이하지만 성장 과정과 인생관, 행동, 판단력, 대처능력에도 상당한 차이를 보인다. 성공한 그룹은 생활 속에서 의식주의 부족함을 느끼게 하며 생활 계획표를 만들어 100% 실천하게 할 때 책임감을 느끼게하고 자유의 중요성을 깨닫고 약속의 중요성을 알게 하는 과정에서 AQ 지수를 높인다.

학창시절 역경 지수를 배양하는 가장 빠른 방법은 하기 싫은 공부를 참고 하는 것이다. 성적도 향상되고 미래 사회를 대비하는 역경 지수도 향상되고 1석 2조의 효과를 볼 수 있다.

공부와 AQ 어떤 관계가 있을까?

부모   우리 우진이가 몸이 약하거든요.

필자   특별한 질병이라도 있습니까?

부모   그건 아니지만 학원들이 시험기간만 되면 애를 잡아요. 우리 아이 힘들지 않게 하면서 성적 좀 올려 주세요.

필자   성적이란 아이가 새로운 것을 아는 만큼 성적으로 나타납니다. 현재보다 성적이 향상되려면 성적 향상을 원하는 만큼의 노력이 추가되어야 하고 아이에게 맞춤 학습을 시켜 효율의 극대화를 기해야 합니다. 즉, 두 가지가 동시에 이루어져야 하겠지요.

부모   맞는 말씀이지만 그래도 아이가 힘들텐데요.

필자   공부는 아이에게 미래 사회에서 역경을 이겨낼 수 있는 능력을 배양하는 것입니다. 시험준비 시 힘든 것을 견디어 내는 만큼 아이들이 성숙해지는 것이라고 생각합니다.

부모   그래도 애가 힘들어 하는 것을 보면 견딜 수가 없어요.

필자   아이의 10년 후 아니 20년 후를 생각해서 아이의 고통을 모른척하세요. 고통을 이겨내는 힘을 남보다 많이 가지게 되면 사회생활 속에서 닥칠 역경을 이겨내게 되어 부모님에게 걱정을 끼치지 않는 성숙한 성인으로 생활을 하면서 남과의 경쟁에서 지지 않고 묵묵히 생활하지 않을까요?

부모   정말 그렇게 될 수 있을까요?

필자   그럼요. 부모님의 마음먹기에 달려 있습니다. 몇 점 더 받기 위해 공부하며 고통을 당한다고 생각하기보다 하기 싫은 공부를 참고하는 과정이 쌓여 후일 역경을 이겨내는 힘을 기를 때 남과의 경쟁에

미래를 위해 가장 큰 자산은 유형의 재산이 아닌 무형의 AQ 능력을
자녀에게 듬뿍 배양시켜 어떠한 어려움과 절망 좌절이 밀려와도 꿋꿋이
헤쳐 나갈 수 있도록 하는데 있다.

무엇하나 제대로
하는 것이 없는 아이

아이에 대한 불만 중 하나로 흔히 "너는 왜 잘하는 것이 하나도 없니?"라는 말을 자주한다. 부모의 관점에서 정말 아이가 잘하는 것이 하나도 없을까? 아이의 입장에서 생각하고 판단하기보다 아이에게 공부 외에는 보려고 하지 않았고 생각조차 하지 않으려고 한 것은 아닐까? 또한 공부 외의 다른 분야는 경험할 기회조차 차단했기 때문이 아닐까? 자녀의 소질이나 적성을 파악할 기회도 소질을 배양할 기회도 주지 않았으면서 아이를 질책하는 것이 아닐까?

과연 아이에게 생활 체험을 얼마나 시켜 보았을까? 지하철 승차권 구매, 커피타기, 세탁기 돌리기, 라면 끓이기, 밥하기. 청소기 돌리기, 먼거리 쇼핑하기 등을 얼마나 시켰을까?

대부분 "위험해", "나중에 공부 잘해서 도우미 두면 돼! 너는 이것보다 공부가 더 중요해!", "더러워, 지저분한 것을 뭣하러 하려고 그래", "너는 그런 것 할 사람이 아니야"라며 공부 외에는 경험의 기회를 주지 않는 부모들이 대부분이다.

생활 체험도 시험공부 못지않게 중요한데도 접근조차 하지 못하게 할 때 범생이를 면치 못하며 정상적인 사회생활에 악영향을 받을 수도 있다. 분명 엄마나 아빠는 생각 외로 중요한 사안임에도 소홀히 생각하는 경향이 많다.

Case 1

라면을 끓이려는 엄마를 가로 막으며

우진 엄마, 내가 라면 끓여 볼게요.

엄마 우진아! 엄마가 뭐랬어?

우진 공부하라고 했어요.

엄마 그런데 왜 공부는 안하고 라면을 끓인다는 거야?

우진 라면 끓이면 재미있을 것 같아서요. 그리고 공부 할게요.

엄마 안돼! 너는 공부나 해! (라고 소리를 지른다.) (혼자말로 궁시렁 거리며) 공부도 못하는 것이 무슨 라면이야! 지난번에도 라면을 끓인다고 물을 너무 많이 부어 먹지도 못하고 버렸구만. 뭐 잘하는 것이 있어야지! 누구를 닮아서 그러는지 원.

우진 (미련이 있어서인지 엄마 곁을 서성거린다.)

엄마 (우진이에게 눈을 흘기며) 야! 빨리 공부하러 가지 못해.

우진 에이, 알았어요. 공부하러 가요. (라며 황급히 방으로 사라진다.)

Case 2

공부는 안하고 동화책을 보는 우진이가 못마땅한 엄마

엄마 우진아, 엄마가 뭐랬어?

우진　공부하라고 했어요.

엄마　그런데 왜 공부는 안해?

우진　나 동화책 먼저 보고 공부 할래.

엄마　동화책은 다음에 보고 공부부터 해. (혼자말로 궁시렁 거리며) 공부도 못하는 놈이 무슨 동화책이야! 공부나 잘하면 또 몰라.

우진　조금만 더 보고 할래요.

엄마　너 정말 혼나 볼래! 엄마가 안 된다고 했지. 한번 안된다면 안돼.

우진　동화책 보고 싶은데…

엄마　동화책을 보면 성적이 올라가니! 성적이 오르는 것도 아니잖아, 엄마 말 좀 들어, 엄마가 너 망하라고 하는 거니 다 너를 위해서 하는 거야, 성적 오르면 남 주니? 옆집 ○○처럼 공부 좀 해봐라. 내가 항상 업어주겠다. (라며 몰아 붙인다.)

우진　알았어요. 공부하면 되잖아요.

라면을 끓이려고 하는데 공부하기 싫어 게으름을 피우는 아이를 보며

우진　엄마 내가 라면 끓여 볼게요.

엄마　너 공부할 시간이잖아.

우진　라면을 끓여보면 재미있을 것 같아요. 끓여보고 공부 할게요.

엄마　알았어! 그러면 엄마가 너 공부 끝나고 휴식시간까지 기다렸다가 그 때 라면 끓이는 것으로 할테니 공부 먼저 해.

우진　알았어요.

잠시 후 우진이 공부가 끝나고

엄마	그런데 우진아 지난번 라면 끓인 것 기억나니?

우진	네! 망쳤어요.

엄마	왜 망쳤어?

우진	물을 너무 많이 부었어요.

엄마	이번에 망치지 않으려면 어떻게 해야 할까?

우진	엄마가 물 부어 주세요.

엄마	아니야. 네가 해봐야 다음부터 혼자 할 수 있지.

우진	또 망칠지도 모르는데 엄마가 도와 주세요.

엄마	엄마가 봐 줄테니까 걱정말고 물을 붓기 전에 뭘 생각해야 할까?

우진	몰라요

엄마	그럼 무조건 물을 부을 거야?

우진	(한참 생각하다가) 몇 개를 끓일 것인지 생각해야 해요.

엄마	그렇지.

우진	(물 붓는 것을 당황해 하고 서툰 것을 보고)

엄마	물 맞추는 것이 어려우면 맥주컵을 기준으로 1개를 끓이면 가득 한 잔을 하고, 2개를 끓이려면?

우진	2컵 가득이요.

엄마	2개를 끓일 때는 2컵 약간 못미치게 하는 것이 좋아.

우진	왜요?

엄마	생각해봐.

우진	모르겠어요.

엄마	증발하는 양이 적으니까 그래. 알았니? 자, 이제 네가 끓여서 엄마 좀 줘봐. 우리 아들이 끓여준 라면 좀 먹어보자.

아이가 제대로 하는 것이 없다고 질책하는 부모는 어떨까?

① 현상만 보고 판단한다.

아이의 현재(나타난 현상)만을 보고 판단하는데 비교 기준이 항상 최고(가장 우수한)와만 비교해 판단한다.

② 공부 외에는 관심을 가지지 않는다.

공부만을 기준으로 판단하기 때문에 공부 외에 아이의 긍정적인 부분에 대해서는 생각하지도 않고 필요성을 느끼지도 않는다.

③ 아이의 입장에서 생각하지 않는다.

아이가 어떤 생각을 하고 있는지, 부모의 질책을 어떻게 받아들이고 있는지 안중에도 없고 부모의 생각(자녀불만, 그 당시 컨디션, 생활 스트레스 등)을 일사천리로 화풀이를 하듯 쏘아 붙인다.

④ 모든 잘못은 아이에게 있다고 생각한다.

자신이 부러워하는 1등 자녀를 둔 부모가 아이에게 대하는 태도(공부를 잘하게 하기 위한 집안 환경. 문제에 대한 대처 방법 등)와 어떤 차이가 있는지 알려고도 하지 않고, 차이가 있다고 생각하지도 않는다.

⑤ 아이의 미래에 대한 계획이 없다.

상당수의 부모는 아이의 미래에 대해 뚜렷한 계획이 없기 때문에 근시안적으로 대처하게 되어 진행 과정을 설정하지도 않았고 확인할 기회도 가지지 못한다.

⑥ 아이의 수준이 부모라는 사실을 인지하지 못한다.

아이에게 잘하는 것이 없다고 탓하기 전에 부모 자신의 어린 시절, 학창 시절의 자신과 자녀를 비교하면 어떤 차이가 나는지를 알게 되고 대부분은 놀랄 정도로 닮았다는 것을 알게 될 것이다.

대안 찾기

공부가 전부라고 생각하지 말자. 그리고 서둘지 말고 아이가 다양한 체험을 해보도록 가정에서 부모가 체험의 기회를 갖게 한다. 서두르지 않기 위해 구체적인 계획(가정생활 체험 1주일에 1가지 정도)을 세워 성취감과 자신감을 가지게 하는데 주력한다.

아이를 어른으로 생각하거나 부모의 수준에 맞추려고 하지 않고 부족함이 많은 아이임을 인정한다. 부모도 못하는 것과 잘하는 것을 제시하고 아이에게도 잘하는 것과 못하는 것을 제시하면서 못하는 것을 잘할 수 있도록 협심해서 노력한다. 아이가 속으로 "엄마는 못하는 것 없나요? 엄마는 다 잘해요? 지난번에 ○○도 못했으면서… 그것은 나보다도 못하잖아요."라며 부모와 자신을 비교하는 분위기를 만들지 않아야 한다.

아이와 왜 잦은 갈등을 일으킬까?

근래 아이와 부모는 서로에게 불만을 표출하는 것이 상당히 심하다. 엄마와 아빠들은 주로 "아이가 변했다", "왜 점점 말을 잘 듣지 않는지 모르겠다", "신경질이 부쩍 늘었다", "조금도 참을성이 없다", "시키는 것은 제대로 하지 않고 요구만 많다"고 불평하며 '요즘 아이들'이라며 한탄한다.

그에 반해 아이들은 어떻게 생각할까? "엄마가 왜 나를 괴롭히는지 몰라", "잠시도 그냥두지 않아", "눈만 마주쳐도 공부하라고 해", "옛날에는 내가 원하거나 하고 싶은 것을 할 수 있었는데, 이제는 매일 안 된다고만 해", "엄마가 악마 같아! 나를 미워하나봐", "엄마가 변했어"라며 불평을 늘어놓는다.

서로가 서로를 변했다고 하는데 정말 누가 변했을까? 왜 서로를 괴롭히는 형국으로 변했을까? 서로를 원망하게 된 원인은 어디에 있을까?

그것은 유아 교육에서부터 문제의 원인을 다음과 같이 찾아볼 수 있다.

아동 전문학자들의 주장에 의하면 사람은 태어날 때 백지 상태로 태어나고 동물들은 고정된 지식을 가지고 태어난다고 한다. 즉, 거미, 개미 등은 선천적으로 물려받은 지식이 있어 거미처럼 어미의 탯줄을 끊자마자 거미집을 짓고 생존을 시작하는데 비해 인간은 나약하기 이를데없어 보호를 받지 못하면 생존이 불가능하다는 것이다. 그래서 늑대의 품에서 자라면 늑대의 생활 환경을 닮아가는 것도 태어나면서부터 지식(생존 환경)을 쌓아 가기 때문이라고 한다.

그래서 학자들은 초등 입학 전 지식 즉, 처음 접하는 지식은 돌에 글을 새기듯 각인이 된다고 하는데, 한번 체득한 지식은 좀처럼 지워지지 않고, 한번 고정된 습관은 좀처럼 고치기 어렵다고 한다. 아이들의 문제점이 유아 시기를 어떻게 보내느냐에 따라 결정되는 이유가 여기에 있다.

※ 초등 입학 전(1~7세) 교육 비교 ※

교육 내용	바른 교육	문제 교육
아이가 버릇없는 행동을 하면	나이에 구분 없이 지도	성장하면 알아서 한다며 보류
손님 있을 때 떼를 쓰면	원칙에 따라 엄격히 지도	분위기와 체면을 생각해 아이의 요구를 들어준다.
신호등을 무시하고 횡단하려고 하면	그 자리에서 엄격하게 엉덩이를 때리며 체벌한다.	주의 또는 가벼운 꾸중으로 끝낸다.
예정된 일을 하지 않으면	꼭 할 수 있게 한다.	힘들어하면 시키지 않는다.
아이가 갑작스런 요구를 하면	원칙적으로 들어주지 않는다.	대부분 들어준다.
나이에 따른 공부를	계획에 따라 꾸준히 시킨다.	즉흥적으로 시킨다.
초등학교에 입학하면	규제를 서서히 줄인다.	규제를 서서히 가한다.
자녀와 스트레스는	생활습관 등이 주가 된다.	점수가 주가 된다.

위에서처럼 가장 큰 차이는 바른 지도는 사고가 확립되기 전인 초등학교 입학 전의 교육에 비중을 두는데 반해 부정적인 교육은 부정적인 사고가 형성된 상태에서 문제점을 발견하고 교정하려고 하는데 있다. 즉, 수년전에는 공부도 내가 하기 싫으면 하지 않았고, 갖고 싶은 것(게임기, 장난감 등)도 사주었는데 갑자기 규제하는데서 문제가 발생한다. 공부 문제가 부각되기 전에는 소중한 자녀라는 생각에 아이가 원하는 것을 대부분 들어 주었는데 이성보다 정에 비중을 두어 양육했기 때문이다.

부모 입장에서 보면 이제는 공부를 해야 할 시기라고 생각이 들거나 또는 성적이 낮으므로 공부를 많이 해야 한다고 생각하고, 나쁜 습관도 초등학생 또는 중학생이 되었으니 당연히 버려야 한다고 생각한다. 또한 이제까지 다른 아이들이 공부할 때 놀았으니 이제부터는 하기 싫어도 참고 공부하는 것이 당연하다고 생각한다.

부모는 대부분 아이들이 공부할 의욕이나 집중력 부족으로 성적에 문제가 있다고 생각하지만 필자의 경험으로는 아이들 누구나 성적 향상을 간절히 원하지만 여러 가지 여건(부정적인 습관)으로 원하는 성적을 확보하지 못할 뿐이다. 그러나 대부분의 부모들은 아이의 문제점을 파악하고 해결을 하려고 하기보다 아이의 단점을 지적하기에만 정신없는데 마치 보물찾기처럼 신이 나서 새로운 문제점을 발견하는 것에만 너무 매달리는 모습을 보인다.

반대로 아이 입장에서 보면 지금까지 내가 하고 싶은 대로 해도 꾸중하지도 않고, 강제로 시키지 않았다. 그런데 어느날 갑자기부터 체벌까지 하면서 억지로 하기 싫은 것을 하라고 하는 부모가 이해도, 용납도 되지 않는 것이다. 즉, 부모가 배신했고 자신을 일부러 괴롭히고 고통을 준다고 생각하기 때문에 스트레스를 받는 것이다.

대안 찾기

아동전문 학자들에 의하면 성장기 아이들은 사춘기 전에는 부모의 행동이나 습관·표정·말씨 등을 모방하다가 자아가 형성되기 시작하는 사춘기가 되면 부모를 모방하던 것을 부정적으로 생각하여 자신의 생각을 행동으로 옮기기 시작한다고 한다. 즉, 사춘기 전에는 부모의 모범적인 행동을 계속 보여주며 교육시켜야 하고 사춘기 후에는 간섭을 줄여나가야 한다.

그런 측면에서 현재 부정적인 결과가 있다면 그것은 백지 상태의 아이에게 바른 교육을 시키지 못한 부모의 잘못임을 생각해야 한다. 그리고 장보기, 요리, 산행, 운동 등을 하며 공부 외적으로 접근해 보자. 신체적으로 부딪히는 활동을 통해 자연스럽게 아이와 대화를 유도하며 갈등 해소에 주력한다. 칭찬과 격려를 병행하면서 커뮤니케이션에 비중을 둔다. 그러면서 자녀의 현재 수준을 정확하게 파악하고 있어야 한다. 그래야 아이에게 공부를 강요하기보다 현재 수준을 정확히 파악해서 수준에 맞는 학습으로 공부에 흥미를 가지도록 만들어 공부를 긍정적으로 생각하게 만들 수 있게 된다.

이때 아이와 협상을 통해 원칙을 정하는 것이 좋은데 즉, 부모가 아이에게 원하는 것을 기록하고 아이가 부모에게 원하는 것을 기록하여 단계별로 분류하고 꼭 필요한 것을 수개로 압축한 후에 1차 단계를 실시하고 차후 2, 3, 4단계로 실천 계획을 수립한다.

예를들어 학원 수강, 예습, 복습, 휴식, 게임시간, 편식, 외출, 지시이행, 핸드폰 요금, 신발, 의류 쇼핑, 생활 계획표(취침, 기상), 새벽 공부, 아침 조깅 등과 같은 일이 있다면 다음처럼 단계별로 나누어 시행하도록 한다. 1단계로 예습, 복습, 생활 계획표를 실천하도록 하며 2단계로 학원 수강, 새벽 공부, 아침 조깅을 하도록 한다. 아이가 떼를 쓴다고 생활 원칙을 무너뜨리는 등 예외를 두지 않고 시행할 때 아이는 부모의 변한 모습에 의아해 하다가 두려움을 느끼지만 칭찬을 병행하며 애정을 쏟을 때 존경심을 가지게 된다.

늦었을 때가 가장 빠른 때라는 생각으로 서두르지 않아야 한다. 서두르면 모든 것을 망치고 만다. 부모가 급하다고 생각하는 것은 뒤진 것을 의미하며 아이의 능력은 반비례 한다는 것을 명심하고 아이에게 알맞은 구체적인 계획을 수립한다.

아이와 진로 선택으로 갈등을 최소화하려면

부모와 아이 사이에서 일어나는 갈등은 지극히 당연하며 어쩌면 숙명적인지도 모른다. 의견 일치가 되는 것은 거의 없고 매일 원망과 다툼으로 일관하고 있다고 해도 과언이 아니다.

아이가 보편적이고 상식적인 직업을 선택하거나 희망하면 문제가 되지 않지만 부모가 원치않거나 일반적이지 않은 진로인 경우(미화원, 연예인, 종교인, 메이컵, 요리사, 비보이 등) 둘 사이의 갈등은 심화되고 나아가 심각한 문제를 초래하기도 한다. 부모가 가장 싫어하고 혐오하는 직업을 아이가 원하거나 부모는 사회적으로 인정받는 직업을 원하는데 아이의 성적이 그렇지 못한 경우에는 사생 결단하듯 아이와 다툼을 벌이고 급기야는 아이와 관계도 서먹하게 된다. 이러한 문제는 각자의 입장만을 주장하는데 있다.

사랑하는 아이의 미래를 생각하는 부모가 되려면

아이가 원하고 있다는 것을 생각하고 최악이 아니라면 극단적인 반대는 하지 않는다. 그리고 아이가 결정했다면 결정한 이유를 아이에게 들어보고 아이의 입장에서 객관적으로 생각해 본다. 부모는 지켜보는 입장이며 아이는 평생을 함께할 것이라는 사실을 인지하도록 하자.

경제적인 문제보다 원하는 일을 평생 했을때 느끼는 아이의 행복을 1순위로 생각한다면 받아들이는데 도움이 될것이다.

혹시라도 부모의 염원을 담지는 않았는지 생각해 보면서 부모는 조언자일 뿐이라는 사실을 직시하도록 하자. 예측이 불가능한 미래를 예측하려고 하기보다 아이가 의욕을 보이고 즐겁게 임하는지 확인하는 것이 무엇보다 중요하다.

Good

초등생 아이가 미화원을 직업으로 희망할 때

엄마 우진아. 너 어른이 되어 미화원이 되고 싶다고 했다면서?

우진 네!

엄마 그래? 우리 우진이 미화원이 무슨 일을 하는지 알아?

우진 네.

엄마 무슨 일을 하는 것인지 아는 대로 말해 볼래?

우진 낙엽을 쓸거나 더러운 거리를 청소하는 것 이잖아요.

엄마 우리 우진이 잘 아는구나, 그런데 왜 우리 우진이는 미화원이 되고 싶은지 엄마에게 얘기해 줄 수 있어? 엄마는 우리 우진이가 왜 미화원이 되고 싶은지 알고 싶은데.

우진 선생님이 미화원 아저씨가 있어서 거리도 깨끗하고 음식물 쓰레기
      등을 치워 주시기 때문에 냄새도 없이 살수 있다고 했어요.
엄마 우진이가 안해도 할 사람이 있을텐데, 엄마 생각에 우리 우진이는
      다른 직업을 가졌으면 좋겠고 더 잘할 수 있는 일이 많은데. 과학
      자, 선생님, 의사, 변호사, 판사도 있고….
우진 선생님이 남이 하기 싫어하는 일을 하는 사람이 훌륭한 사람이라고
      했고요. 아침 일찍 일어나 청소하시는 아저씨들을 보면 기분이 좋
      아요.
엄마 (설득을 포기한다) 그런데 미화원이 되려면 공부 잘 해야해! 시험도
      보고, 건강해야 하고 부지런해야 하거든. 할 수 있겠어?
우진 할 수 있어요. 공부도 열심히 하고 밥도 많이 먹고 아침 일찍 일어
      날거에요.
엄마 그래, 우리 우진이는 훌륭한 미화원 아저씨가 될 수 있을거야! (성적
      향상이 우선이지. 마음에 들지는 않지만 받아들이는 척 하자. 꿈은 변하는
      것인데 뭐, 머지않아 변할거야라고 생각한다.)

위와 같은 대화 내용이 일반적인 것은 아니지만 이 책을 읽는 부모들
중 위와 유사한 경험을 하게 될 경우에는 참고하기 바란다.

아이의 생각은 고정된 것이 아니며 주위의 영향을 많이 받기 때문에
성장하면서 얼마든지 변할 수 있다. 그러므로 현재 아이의 꿈이 전부인
양 생각해서 고민하고 반대하기보다 꿈을 이루기 위한 준비 과정인 공
부를 열심히 할 수 있도록 분위기를 조성해야 한다.

설혹 꿈이 변하지 않는다 해도 수년동안 변하지 않는 꿈이라면 아이
는 평생 좋아하는 일을 하며 살 것이기 때문에 행복한 삶을 가질 수 있게

  엄마, 내 말 좀 들어줘!

된다.

　또한 아이가 좋아하는 직업을 가질 때 발전이 가능하고 직업에 대한 선호도는 시대에 따라 변하기 때문이다. 어떤 분야든 1인자만 되면 부와 명예가 주어지며 또한 끝까지 포기하지 않으면 누구나 1인자가 될 수 있다.

2008년 미국 농무성의 미래 직업에 대한 발표자료를 요약하면

① 10년 이내에 현재의 직업 80% 정도가 없어지거나 진화(변화) 할 것이다.
② 예전에는 평생 7~8개의 직업으로 생활했으나 앞으로는 37~38개의 직업을 전전하게 될 것이다.
③ 중소기업 위주로 재편되며 1인이 기획·제작·생산·판매 등을 해야하는 시대가 도래할 것이다.

　미국 농무성에서 위와 같이 예측하였는데, 결국 정답보다는 변화에 대처하는 지식, 기회를 파악하고 포착하는 능력을 키워야 한다고 볼 수 있다. 매일 새로운 지식이 다가오고 있다는 말을 실감해야 한다.

왜 스스로 공부하지 않으려고 할까?

"아이들이 스스로 알아서 공부해 준다면 얼마나 좋을까?"라는 것은 모든 부모들의 염원일 것이다.

수년 전부터 학원에서 시험이 끝나면 피자 파티, 노래방, 놀이동산 등을 원생들과 함께 하면서 힘든 시험 준비의 고통을 위로하는 것이 연례 행사가 되다시피 하였다. 필자의 어린 시절과 상당이 판이한 상황이 연출됨에 당황스럽고 답답한 마음을 지울 수 없다.

다음은 시험이 끝났거나 시험 결과가 나와 선생님께 맛있는 것을 사 달라고 당당히 요구하는 아이들과의 대화 내용이다.

시험이 끝난 어느날 학원에서

필자 오히려 너희들이 수고한 선생님께 맛있는 것 사드려야 하는 것 아니냐?

원생 아니에요. 우리에게 맛있는 것을 선생님이 사주셔야지요.

필자 왜 그래야 하는데? 선생님 학창시절에는 시험을 보거나 시험 준비를 할 때 우리가 선생님을 대접해 드렸는데. 지금도 선생님이 너희들을 위해 특강, 보강 등을 시켜 주면서 공휴일에도 쉬지도 못하고 고생하셨잖아! 그리고 성적이 좋아지면 성적을 선생님이 가지는 것도 아니잖아?

원생 에이! 성적이 오르면 학원이 좋아지잖아요.

필자 뭐가 좋아지는데?

원생 신입생이 많이 들어와 수입이 많아지잖아요.

필자 (이쯤에서는 말문이 막히고 할 말을 잃고 잠시동안 멍해 있으면 최후의 일격을 맞는다.)

원생 시험 공부하느라고 내가 얼마나 고생했는데. (라며 필자가 오히려 이상하다는 듯한 태도를 취한다.)

필자가 진행했었던 학부모 세미나에서 있었던 대화 내용

필자 학부모님! 아이들 때문에 힘드시지요? (라는 인사말에 대부분) 네. (라고 대답했으나 앞에 앉은 학부모님이)

학부모 우리 아이는 참 착해요.

필자 왜요? 어머님.

학부모 며칠 전 등교하기 전에 아이가 3,000원만 달라고 하는 거예요.

그래서 벌써 용돈 다 썼니라고 물었더니 특별 용돈이 필요하다
는 거에요. 우리는 기본 용돈을 주고 특별한 경우가 발생했을 때
는 따로 주거든요.

필자　그래서요?

학부모　과학 선생님께 맛있는 것을 사드려야 해서 필요하다고 그러데요.

필자　(요즘 아이들같지 않아서 필자도 반가워) 아! 그래요 따님 교육 잘시
켰네요.

학부모　왜 갑자기 그런 생각을 하게되었냐고 물어보니까 과학 선생님이
시험 준비를 열심히 해 주셨는데 성적이 원하는 만큼 나오지 않
아 선생님께 맛있는 것을 사드리기 위해서라고 말하더라고요.

필자　따님 얼굴도 예쁘겠네요. 마음씨도 고우니. (라며 한껏 치켜 세웠
다. 그런데 찬물을 확 끼얹는 듯한 부모님의 한마디)

학부모　딸 아이가 이렇게 말하더라구요. 엄마, 억울해. 점수가 올랐으면
내가 선생님에게 얻어먹는 건데!

필자　(역시나 하는 실망을 하고 있는데 학부모가 한술 더 뜬다.)

학부모　우리 아이 착하지요? 선생님 수고했다고 챙길 줄도 알고.

원생이 착한 걸까? 당연한 것일까? 아이의 행동에 대응하는 학부모까
지 문제이다. 아이들이 스스로 공부를 하지 않는 이유 중 가장 많은 비중
을 차지하며 부모와 갈등을 야기하는 등 심각한 결과를 초래하는 이유는
공부는 나를 위해서 하기보다 제 3자를 위해 한다는 생각 때문이다.

　물론 위의 문제는 부모에게 전적으로 책임이 있다고 볼 수 있는데 성
적에 따라 부모의 얼굴 표정이 수시로 바뀌는 것을 보면서 단순히 혼나
지 않으려고 공부를 하게 되는 것이 문제이다. 부모들은 주로 “애를 보

면 잔소리를 안할 수가 없어요", "공부는 기를 쓰고 하지 않아요", "왜 만화책만 좋아하는지 이해를 할 수가 없어요", "차라리 내가 공부하는 것이 낫겠다"라고 하소연한다.

공부는 자신의 미래를 위해서 하는 것이라는 것을 이해시키면 갈등을 현저히 줄일 수 있을 것이다. 아이 스스로 자신을 위해 공부한다는 생각이 들면 알아서 공부하게 되기 때문에 자신을 위해 공부한다는 생각이 들게 해야 한다.

스스로 공부하게 만드는 방법

첫 번째로 아이가 가장 좋아하는 것이 무엇인지 파악해야 한다. 아이들에게 희망을 심어주는 것이 무엇보다도 중요하므로 하기 싫은 공부를 몇년만 참고 하면 아이가 하고 싶은 일을 평생하면서 살 수 있다는 희망을 가지게 한다. 즉, 아이가 게임, 여행, 독서, 조각, 노래 등 무엇을 좋아하는지 알아야 한다.

두 번째로 아이에게 미래의 직업을 추천한다. 직업의 종류를 떠나 아이가 절대적으로 선호하면 긍정적으로 생각하고 가능성을 제시하며 후원자가 될 것임을 자처한다.

특히 미래 직업(게이머, 조각가, 교수, 작가, 컨설팅 전문가, 디자이너, 미술가, 역사가, 법관, 통역원, 여행가, 군인 등)을 결정한다.

세 번째로 실천 계획을 세운다. 선택한 직업을 전공하기 위해 대학 선택을 하고 합격을 위한 수준을 파악하고 아이 성적과 비교해 부진한 성적을 만회하기 위한 계획을 세운다. 목표를 설정하면 성취를 위해 행동

을 유발하게 되는데 스스로 학습에 임하는 단계로 능동적으로 변하는
것이다.

　먼훗날 자신의 꿈을 이루기 위한 공부라면 힘들더라도 자신을 위해
서라는 생각에 인내한다. 또한 자그마한 성취감을 느끼게 되면 자신감
을 가지게 되고 목표가 점점 다가오는 것을 알게 되어 크게 힘들지 않게
목표에 접근하게 되고 서서히 공부가 게임으로 변한다.
　결론적으로 진로 결정이 되는 순간부터 아이는 보람찬 생활을 하게
되며 꿈을 이루기 위한 과정은 세상에서 가장 즐거운 게임으로 변하게
되어 생활이 활기차고 꿈을 이루기 위한 공부 등을 스스로 하게 된다.

우리를 좀
파악해 주세요

아이들이 가장 싫어하는 건 잔소리?

필자가 아이들을 대상으로 한 설문 조사에서 가장 싫어하는 것으로 부모님의 '잔소리'가 1위에 선정되었다. 잔소리를 듣기 좋아하는 사람은 없다. 그러나 듣기 싫어하는 잔소리를 할 수밖에 없고 끊임없이 들어야 하는 것이 현실이다. 자녀, 부모 모두 잔소리를 하지도, 듣지 않을 수 있다면 자녀와의 문제는 대부분 해결될 수 있을 것이다.

잔소리란 무엇인가? 쓸데없이 자질구레하게 되풀이하는 말로 정의하고 있다. 부모 입장에서는 자녀를 위해 해야 하는 말인 반면 자녀 입장에서는 쓸데없는 잔소리로 인식하기 때문이다.

필자가 수년 전 잔소리로 인해 자녀와 갈등이 심각해 고민하는 학부모에게 평일과 일요일에 녹음기를 몸에 지니고 자녀와의 하루 일과를 녹음해 들어보라고 한 적이 있었는데 그 결과 그 부모도 자신의 잔소리가 어느 정도까지 심각한지를 알고 상당히 놀라며 황당해 했었다. 잔소리 횟수보다 더 문제가 되는 것은 "놀기만 할거야?", "스스로 좀 하면 안

되니?", "너도 생각을 가지고는 있어? 다 너를 위해 공부하라는 거야", "공부해서 남주니", "아! 빨리 안할거야", "꼭 화를 내야 해. 너는", "빨리 공부하러가", "공부는 안하고 맨날 게임, TV에 미쳐있어", "걱정이야 걱정. 언제 알아서 하려는지. 에이 속상해" 등과 같이 공부와 관련된 말을 토씨하나 안바꾸고 계속 반복하고 있다는 것을 알고 경악할 정도로 놀랐다는 것이다. 이럴 때 그런 말을 듣게 되는 아이들은 잔소리라고 생각하는 것이 지극히 당연하다.

반대로 아이가 엄마에게 매일 다음과 같은 잔소리를 한다고 생각해 보자.

"엄마 청소 깨끗이 해놔! 츄리닝도 깨끗이 빨고", "지난 번 반찬 별로였어! 그리고 아빠하고 좀 싸우지마!", "엄마 화장 좀 진하게 하지마라. 왜 이렇게 쎈스가 없어", "엄마는 뭐 하나 잘하는 게 없다니까! 요리는 기본이잖아! 친구 엄마보다 음식도 못하고 창피해 죽겠어"라고 반복한다면 부모의 기분이 어떨까?

어쨌든 잔소리를 할 수밖에 없게되는 것은 결국 부모는 지시하고 자녀는 한 귀로 듣고 흘리는 과정의 반복이라고 할 수 있는데, 그 원인은

① 부모님의 지시를 듣지 못했을 수도 있다.
② 싫어하는 지시를 고의로 듣지 못한 척 할 수도 있다.
③ 지시를 무시해도 자신이 받는 불이익이 크지 않기 때문에 무시하는 것이 습관화 되었을 수 있다.

그로인해 으례 부모님의 지시는 매일 똑같다는 생각에 무시하거나 외면하는 것이 습관이 되었을 수 있다. 그렇게 습관이 지속될 경우 자녀

와의 커뮤니케이션이 무너지고 대화 단절상태 내지 갈등을 일으키는 소지로 작용할 수 있는데 잔소리를 듣기 싫어하는 사춘기에 진입하게 되면 더욱 심화될 수도 있다. 가장 중요한 문제는 부모님을 존경하는 마음은 물론 기본 예의마저 져버릴 수 있기 때문이다.

잔소리가 뭐 문제가 되겠냐 싶겠지만 가랑비에 옷이 젖고, 잔 펀치에 KO를 당하는 권투 선수처럼 하루에도 수십 번씩 반복되기 때문에 습관처럼 고착화되어 교정하는데 상당한 시간이 필요하게 된다.

잔소리의 원인 중 하나는 상대방에 대한 부정적인 생각에서 비롯된다. 상대방이 좋으면 긍정적으로 판단하지만 싫으면 무조건 부정적으로 생각한다. 예컨데 아이에게 "내가 틀린 말했니?"라고 했을때 아이는 반사적으로 맞고 틀리고 하는 것에 상관없이 "엄마의 말이 무조건 싫거든."이라고 생각하기 때문인데 쉽게 옳다고 설득할 수 없다. 설득을 하려면 감정에 터치해야 한다. 즉, 좋아하는 사람이 말하면 충고라고 생각하고 싫어하는 사람이 말하면 "네가 뭔데. 너나 잘하세요."라고 한다.

대안 찾기

① 미숙한 아이임을 인정하자.

아이는 성인과 달리 부족하고, 많이 배워야 하고, 성인에 비해 능력이 떨어지는 상태라고 생각하면 답답하지 않게되고 약간의 모자람은 당연하게 받아들이고 대견하게 생각할 수도 있다.

② 자녀와 함께 듣기 싫은 말, 하고 싶지 않은 말을 동시에 기록해 본다.

부모와 자녀가 함께 기록한 것을 기준으로 서로가 꼭 양보할 수 없는 것과 참을 수 없는 것을 지우기로 한다.

- 학부모 : 공부, 부정적인 습관 등
- 자녀 : 게임, TV 시청 등

③ 자녀와 협의한다.

3개 이내가 될 때까지 양자가 잔소리를 최소화 할 수 있게 하는데 협의가 안될 경우 2~3개월 후 재협의하기로 하고 그 중 세 개만은 자발적으로 지키도록 약속한다.

④ 생활 계획표를 작성한다.

협의 사안에 대한 잔소리를 배제하기 위해 생활 계획표를 만들어 실천하도록 하면 잔소리를 줄일 수 있다.

⑤ 규칙을 정한다.

규칙을 위반할 경우와 지켰을 경우에 상과 벌칙을 만들어 서로가 지켜나가는데 도움이 되도록 협의(부모의 일방적 지시 절대 금지)한다.

- 자녀가 약속을 지킬 경우 : 자녀가 좋아하는 칭찬, 맛있는 음식, 게임, 일요일 자유시간 부여 등의 약속을 지킨다.
- 자녀가 약속을 지키지 못했을 경우 : 이미 부여되었던 위의 사항을 축소한다(자녀와 월간 계획을 세울 때 자녀가 좋아하는 사항을 기본으로 놓고 약속을 지키면 상당한 혜택을 받을 수 있도록 한다).

초기에는 만족하지 못하더라도 가능하면 자녀가 요구하는 대로 수용하면서 100% 지킬 것을 전제로 하고 미진한 부분은 수개월 후 재협의하기로 자녀와 약속한다. 이때 자녀가 지켜야 할 것을 부모가 직접 지시하지 않도록 하면서 약속한 동화책(예습)을 읽을 시간이 되었는데 준비를 하지 않으면 10분 전에 "○○야 10 분 후에 뭐할 시간이니!"라고 일깨워 주기만 하고 어느 정도 정착이 되면 예고하지 않아야 한다.

위와 같이 시행할 경우 잔소리는 90% 이상 줄어들게 되고 약속의 중요성도 알게 되는 등 자녀와 부모 사이가 긍정적으로 변한다.

부모님이 가장 싫을 때는 혼낼 때와 때릴 때

사랑하는 자녀를 혼낸다는 것은 한계를 넘어섰다는 것을 의미한다. 한계와 그 이유가 각자마다 차이는 있겠으나 대화의 범위를 벗어났다는 것으로 볼 수 있다. 원인은 다양하겠으나 결국 커뮤니케이션이 이루어지지 않았거나 부모 입장에서 자녀의 행동이나 생각을 수용할 수 없고, 자녀의 입장에서는 부모의 요구를 100% 수용할 수 없다는 것을 의미한다.

결국 부모는 무력으로 자녀를 원하는 방향으로 유도하려고 하고 자녀는 행동으로 벗어나려고 한다. 부모의 뜻대로 이루어지는 경우도 있지만 흉내만 낸다든지 임시 방편으로 부모의 화를 누그러뜨려 위기를 벗어나려고 하는 경우가 대부분이다. 주로 공부해라, 학원가라, 숙제 미리해라, 예습·복습해라, 게임 그만해라, 심부름, 방 청소, 식습관 등의 문제 때문에 다툼이 발생한다.

부드러운 말로 하기보다 자녀에게 화를 내고 혼을 낸다는 것은 자녀를 설득하기보다 무력으로 지시에 응하게끔 만들겠다는 의지이다.

부모는 자녀를 왜 자주 혼을 내는 걸까?

자녀가 해야 할 일을 하지 않아 수차례 말을 해도 듣지 않으면 하늘같은 부모의 지시를 어기고 어린 놈이 반항을 한다고 생각하거나 부모인 자신을 무시한다고 생각하기 때문일 수 있다. 예전에도 지시를 어겨 그때는 모른척하고 참았다가 한꺼번에 터뜨리는 것일 수도 있고, 다른 아이와 비교하니 순간적으로 화가 더 날 수도 있다. 더욱 화가 나는 것은 '정말 힘들게 번 돈으로 비싼 과외를 시키는데, 너를 위해 최선을 다하고 있는데.' 라는 생각이다.

자녀는 왜 부모의 지시에 순응하지 않는 걸까?

아이들도 하기 싫은 일이 있고, 좋아하는 일이 있으며, 좋지도, 싫지도 않은 일이 있다. 좋아하는 일은 스스로 하지만 싫어하는 일은 가능하면 하지 않으려고 하는 것은 지극히 당연할 수 있다.

아이들에게 있어 하기 싫은 일은 자신이 남보다 잘하지 못하거나 노력하는 만큼 성과가 나타나지 않아 흥미를 붙일 수 없는 경우로 공부의 경우에는 아는 문제보다 모르는 문제가 더 많을 때가 이에 속한다.

다음으로 못하는 일은 하려고 해도 도저히 할 수 없는 것으로 자신의 능력으로는 불가능한 일을 말한다. 어휘가 부족해 교과서를 이해하지 못해 성적이 부진한 경우, 공식을 모르고 수학을 풀거나, 영어 단어를 모르고 영어 문제를 풀어야 하거나, 인라인 스케이트를 처음 타 보는데도

달려보라고 강요하는 경우가 이에 속한다.

마지막으로 좋아하는 일은 남보다 잘하는 일로 재미있고 하는 만큼 성과도 나타나고 할 때마다 칭찬을 받는 경우가 이에 속한다.

부모가 혼을 낼 정도로 말을 듣지 않는 경우에는 하기 싫을 수도 있으나 하지 못하는 일일 가능성이 많다. 노력을 해도 능률이 오르지 않고 스트레스만 쌓이기 때문에 뒤로 미루고 마지못해 대답만 하고 눈치 보는 과정이 반복되어 결국에는 부모의 화를 돋구게 된다.

자녀를 혼내지 않는 부모가 되려면 자녀를 정확하게 파악할 수 있어야 한다. 자녀가 하기 싫어서 안하는 것인지, 못해서 안하는 것인지 파악하고 그에따라 지시하거나 대처해야 한다.

공부의 경우에도 부모 생각에는 학교(학원)에서 배웠으니 자녀가 충분히 할 수 있다는 생각으로 지시를 하지만 성적이 낮은 아이는 손도 대지 못하는 경우가 상당하다. 부모에게 계속 혼이 나면서도 지시에 응하지 않고 버틴다면 안하는 것이 아니고 못하는 것으로 판단해야 하는데, 자신보다 힘이 센 부모의 지시에 정면으로 거부할 수 있는 자녀는 거의 전무하기 때문이다.

특히 부모님이 옆에 지켜보고 있는데도 머뭇거리고 문제를 풀지 않거나 행동으로 옮기지 않는다면 전혀 몰라서 손을 댈 수도 없기 때문이다. 문제 해결을 위해서는 부모 입장에서 생각하기보다 지시를 어기는 자녀의 입장을 면밀히 관찰하고 역지사지의 입장에서 문제를 해결하여야 한다.

근본적인 문제를 해결하지 못한 상태에서 혼을 내거나 체벌을 하게 되면 현재는 물론 사춘기를 지나 자녀가 성인이 되어서도 부모와의 관계가 서먹서먹해지는 등 부모와 자식 간에 돌이킬 수 없는 상처로 남을 수 있다. 공부를 안하는 경우와 못하는 경우를 확실히 파악하고 있어야 하는데 할 수 없는 것을 강요하는 것은 어떠한 경우에도 배제되어야 한다.

공부를 안하는 경우는 80점대 이상으로 공부를 하면 성적이 향상될 수 있는 기초력(학습 능력)은 가지고 있지만 산만, 의욕 부족, 목표 미설정 등으로 즉흥적인 기분에 따라 행동하는 경우로 언제든 내가 열심히만 하면 언제든지 성적을 향상시킬 수 있다고 생각한다.

그에 반해 공부를 못하는 경우는 평균 80점 이하로 기초가 부족해 강의 이해력이 낮아 스스로 학습이 거의 불가능하며 학습량이 많아도 누적 학습이 되지 않아 성취감을 느끼기보다 답답함이 앞서 공부 시작 10분 전후면 학습 외적인 행동을 하게 된다.

재미있게 게임하는데 공부하라고 할 때 정말 싫어요!

상대방에게 거부감을 갖는 원인은 다양하지만 그 중 가장 큰 것은 내가 좋아하는 것, 하고 싶은 것을 못하게 하거나, 소중한 것을 빼앗으려고 할 때이다.

마찬가지로 부모가 원하는 것을 자녀가 거부하고 자녀가 원하는 것을 부모가 거부하기 때문에 서로가 거부감만 쌓이게 된다. 부모에게 부모의 기준이 있듯이 자녀에게도 자녀의 기준이나 가치관이 있음에도 불구하고 설득이나 이해보다는 일방적으로 지시하거나 강요성을 띤다는 데 문제가 있다.

필자가 조사한 설문 결과를 보면 자녀와 부모와의 갈등 요소 중 상위권을 차지하는 것으로 '재미있게 게임하고 있는데 공부하라고 할 때'를 꼽았다. 게임하는 자녀에게 공부하라고 강요하는 것은 천국에 있는 자녀를 지옥으로 끌어내리는 것과 다를 바 없다. 천국에서 지옥으로 끌어내리면 누가 좋아하겠는가?

자녀는 미래보다 현재의 즐거움을 더 좋아하고 부모는 현재의 즐거움보다 자녀의 미래를 더 소중하게 생각하기 때문에 하기 싫은 공부를 강요하는 것이다. 한편으로 생각하면 성인도 현재의 즐거움(쾌락, 안락함)을 위해 담배, 술, 육식, 야식을 즐기고 운동은 소홀히 해서 성인병 등 건강에 문제를 만들기도 하며, 늦은 밤까지의 과음이 내일의 근무태만(업무 지장 등)으로 이어져 문제를 만드는 줄 알면서도 분위기에 젖어 늦도록 술잔을 기울인다.

자신을 통제할 수 있고 미래를 아는 성인도 순간의 즐거움에 빠져 헤어나오지를 못하는데 하물며 미래를 보는 혜안과 판단력이 부족한 아이가 통제력이 얼마나 있을까?

공부는 안하고 게임만 하는 자녀를 보면 속이 터지고 답답하고 불안해져서 계속 지켜보고 있다가 결국에는 폭발을 하고만다. “게임 그만하고 공부해!”가 자녀 기준으로 봤을 때 기분이 더 나쁘게 되는 것은 신경질과 미움 그리고 화난 감정이 가득 담겨져 있기 때문이다. 게임을 하고 있는 자녀는 편한 마음일까?

언제 엄마가 꾸중할까 걱정하면서 눈치를 힐끗힐끗 보면서 이번만 죽으면, 이기면, 통과하면, 정복하면 그만하고 공부 해야지라며 잔뜩 불안한 마음으로 하고 있는데 벼락같은 목소리로 꾸중하는 엄마를 원망하거나 “안 그래도 이제 공부하려고 했어! 괜히 야단이야”라고 대꾸를 하면서 반항한다.

아이와 커뮤니케이션을 원활하게 하려면? Ⅰ

자녀뿐 아니라 모든 인간 관계에서의 갈등은 커뮤니케이션의 미비에서 발생한다고 해도 과언이 아니다. 커뮤니케이션할 때 의도와 달리 전달되거나 왜곡되면 문제가 발생하는데 일반적인 경우는 단발성 손실 등으로 그칠 수 있으나 특히 부모와 자녀 사이에 커뮤니케이션이 원활히 이루어지지 않으면 오해와 갈등이 조장되어 심각한 상황이 발생할 수 있다.

어쩌면 자녀와의 갈등은 당연할 수 있는 것은 부모와는 성장 과정, 사회적 환경 등이 판이하게 다르기 때문이다. 그리고 부모가 된 자신도 학창 시절에 부모님과 갈등이 없었는가? 살을 맞대고 평생을 같이한 부부도 갈등을 생활처럼 반복하며 살고 있는데 철이 안든 자녀와는 오죽할까?

갈등은 남을 인정하지 않고 자신만을 생각하며 자신의 생각만이 옳다는 마음에서부터 시작한다. 특히 자녀에 대해서는 독단적으로 생각하고 행동하는 경우가 많은데 공통적으로 "아이가 불안해서요. 못 따라 갈까봐!", "아는 아이에게 뒤지는 것을 두고 볼 수 없어요", "우리 아이는 하라고 재촉을 하고 감시를 해야 하니까요. 스스로 알아서 하는 법이 없어요", "아이가 원하는 대로 해주면 엉망이 되요. 우리 아이는 내가 가장 잘 알아요" 등의 생각을 가지고 있다.

문제의 원인을 보면

대부분의 부모는 자녀를 100% 파악하고 있다고 생각한다. 그래서 문제를 가진 다수의 부모는 자녀의 행동이나 사고에 대해 이해하지 못하겠다고 한다. 내가 아는 우리 아이는 그런 아이가 아닌데라며 돌발 행동 등에 대해 의아해 한다. 자녀가 이해할 수 없는 행동을 한다는 것은 자녀를 제대로 파악하고 있지 못하다는 것을 의미한다. 필자의 경험에 의하면 자녀를 가장 잘 아는 것은 부모보다 오히려 2~3개월도 안된 친구가 더 잘 알고 있다.

두 번째는 부모인 나의 지시를 자녀는 무조건 이행해야 한다고 생각한다는 점이다. 많은 부모들이 자녀가 지시를 100% 따라야 한다고 생각하는데 어떻게 보면 당연하다고 볼 수 있지만 때로는 화풀이성 지시, 자녀의 능력으로 이행이 불가능한 지시, 잔소리성 지시, 별로 중요하지 않은 지시 등도 무조건 100% 이행을 요구하며 말을 듣지 않을 때는 강제적으로 해결하려고 하는 것은 문제가 있다.

그와 비슷하게 부모가 생각하는 대로 자녀를 교육하면 훌륭하게 될 것이라고 생각하는 것 또한 문제가 된다. 전문가 집단도 10년 앞 미래를 예측하기를 주저할 정도로 미래는 불분명하다. 부모의 생각(지시)대로 자녀가 잘 따른다고 훌륭한 인재로 성장할 수 있을까? 미래는 답을 제시하기보다 답을 구하는 과정을 익히는 교육이 필요함에도 불구하고 답만 구하는 교육 방법을 강요하는 부모가 상당히 많다.

　부모는 답을 구하는 과정을 익힐 수 있는 환경을 조성해 주는 역할을 해야하고 자녀에게는 평소에 학습을 통해 바탕 지식을 쌓게 해야 한다. 또한 부모는 세미나 참가, 전문 서적 구독, 미디어 매체 등을 통해 미래에 대한 자료를 수집하고 자녀에게 제시하여 생각하게 만들고 자녀 나름대로 결론을 도출하게 하는 것이 현명하지 않을까?

　세 번째로는 자녀의 제안이나 지시 불이행을 무조건 반항이라고 생각하는 점이다. 부모의 지시에 자녀는 무조건 이행해야 한다고 부모들은 생각하기 때문에 이행을 거부하거나 머뭇거리거나 이의를 제기하면 반항이라고 생각한다. 아이가 이의를 제기한다는 것은 다른 생각이 있다는 것을 의미하며 더 좋은 해결책이 있을 수도 있다는 것을 내포한다. 그래서 결과를 떠나 자녀의 의견을 듣고 왜 그렇게 생각하는지 판단하고 긍정적이면 칭찬하고 부정적이라면 이해를 시키기 위해 노력하는 자세가 필요하다.

　또한 자녀의 인격에 대해 깊이 생각하지 않고 대하는 경우가 상당히 많은데 부모에게 인격이 있다면 자녀에게도 인격이 있다는 것을 생각하고 대해야 하지 않을까? 자녀에게 함부로 대하고 상처를 주는 말 한마디 한마디가 자녀의 인격을 배제한 상태에서 이성보다 감성적으로 대하기 때문에 문제가 된다.

　마지막으로 자녀의 개성에 대해 생각하지 않는점 또한 문제가 된다. 손가락 5개의 크기가 다 틀리고 얼굴이 같은 사람이 없듯이 자녀도 개성을 가지고 있음에도 개성을 생각하기보다 부모 자신의 개성을 자녀에게 주입시키려는 경향이 많다. 물론 부모의 유전자가 자식에게 이어지기도 하지만 현 사회 환경에 따라 변하기 때문에 꼭 그렇지는 않다. 결과적으로 부모가 원하는 대로 자녀를 양육한다면 현재의 부모보다 더 부정적일 가능성이 많은것은 변화를 예측할 수 없기 때문이다.

대안 1 애정어린 칭찬

무엇보다 애정이 동반된 칭찬이 필요한데 그 이유는 자신을 칭찬해 준 사람을 잊지 않으며 호의적으로 생각하고 오랫동안 기억하며 존경하는 경우로 이어지기 때문이다. 또한 칭찬은 많은 사람들이 있는 곳에서 하고 꾸중은 아무도 없는 곳에서 하면서 꾸중에 대한 대안도 제시할 수 있어야 한다. 예를들어 "이번에는 지난번에 실패한 방법을 빼고 엄마가 성공했던 ○○방법으로 해보면 어떨까?"와 같은 것도 시도해보라.

그리고 효과적인 칭찬이 되려면 아이가 무엇을 위해 노력하고 있으며 성과 여부를 확인하고 그에 대한 칭찬을 해야 효과를 극대화시킬 수 있다.

이때 커뮤니케이션을 위해 일상생활을 화제로 삼으면 많은 도움이 되는데 아이나 엄마가 하루동안 속상했던 일과 좋았던 일을 화제로 삼아서 자연스럽게 대화를 해나간다.

학교에서 귀가한 중2 우진이와 대화

우진   학교 다녀왔습니다.

엄마   그래 수고했다. 힘들었지? 씻어라.

잠시 후 엄마가 직접 만든 빵을 먹으면서

엄마   그래 오늘 학교 생활 어땠어?

우진   국사 시간에 선생님이 질문한 것을 정확히 대답해서 기분 좋았고, 1주일 전에 다투었던 현오와 화해했어요.

엄마   예습한 보람있었네! 그래 잘했다. 현오와 화해해서 이제 속이 좀 편하겠다.

우진   엄마는요?

엄마   너에게 줄 빵을 만드는데 기분이 좋았고 또 맛있게 먹는 것을 보니 기분이 더 좋아! 그리고 아빠가 엄마가 부탁한 머플러 사오신다네. 그래서 기분이 좋다. 학교에서 나빴던 거 있었니?

우진   애들이 내 코를 보고 주먹코라고 놀려서 기분이 나빴어!

엄마   그래, 걔들이 잘 몰라서 그래! 나중에 우리 우진이 복코를 부러워할 날이 있을거야.

우진   엄마는요?

엄마   매일 똑같은 일하는 게 힘들어! 청소, 설거지, 세탁기 돌리고 저녁은 무엇을 할까 걱정하고 물가는 자꾸 오르고...

우진   엄마와 나는 비슷한 걱정을 하는것 같네요.

엄마   왜?

우진   엄마는 집안 걱정, 나는 공부 걱정, 하기 싫어도 해야하는 것이 똑같아.

엄마   그래 맞다. 아빠도 회사에 가기 싫어도 가야하고 그래도 참고 하는

대안 2 자녀를 비교의 대상으로 삼지 않는다

자녀의 단점(성적)을 기준으로 비교하지 않는다. 자녀와 타인(친인척, 주위 자녀)을 비교해서 자녀를 격하시키지 않아야 하는 것은 현재가 전부가 아닐 수 있기 때문이다. 굳이 비교한다면 자녀의 장점(성격, 예의, 성실성, 예체능, 서체, 탐구력 등)을 비교 칭찬해야 한다. 부모는 잘하라는 의미로 다른 친구나 형제들과 비교하면서 얘기하지만 아이에게는 가장 빠르게 절망과 열등감을 촉진시키는 역할을 한다. 아이의 자존심을 지켜 줄 수 있는 유일한 사람이 부모라는 사실을 직시해야 한다.

자녀의 실체를 인정하려고 노력한다. 자녀가 수준에 미달된다는 생각이 들어도 자녀를 만든 부모 자신에게 문제가 있다는 생각을 먼저하고 자녀를 평가해야 한다. 그래서 현 상태를 인정하고 점차적으로 개선하려는 자세를 가지려고 해야 한다.

친구를 좋아하는 이유에 대해 물어본 설문 조사결과에 따르면 자신의 행동과 생각을 부정적으로 보기보다 이해하고 같이 하려는 생각을 하며 내가 무슨 생각을 하고 무엇을 원하는지 알며 같이 하기 때문이라고 한다.

자녀가 게임을 좋아한다면 스트레스를 푸는 과정으로 이해하고, 지시에 불응한다면 할 수 없는 것을 견딜 수 없어 하는 것을 이해하고 잠시 여유를 두거나 게임을 같이 해보는 시도도 권할만 하다.자녀가 게임을 좋아한다면 게임을, 코미디 프로를 좋아한다면 코미디 프로를 시청해보고, 만화책을 살펴보고 자녀 입장에서 생각해 보면 왜 좋아하는지 이유를 파악할 수도 있다. 또한 이해의 폭도 넓힐 수 있고 자녀와 친구가 될 수도 있다. 가능하다면 같이 보고, 같이 웃고, 같이 평가할 수 있어야 한다.

대안 3 시행착오를 겪게하라

갖은 설득에도 자녀가 계속 고집을 부린다면 원하는 대로 수락하는 것도 해결을 용이하게 할 수 있다. 부모의 조언(지시)을 뿌리치고 자신의 의도대로 했을 때 원하는 결과가 나타나지 않으면 부모를 믿게 되고 자신의 능력을 파악하는 계기로 삼을 수 있다. 흔히 하는 말 중 사업도 젊어서 망하면 약이 되고, 도박 등 삶에 해가 되는 것을 미리 겪는 것이 좋다는 것과 같은 이유라고 할 수 있다. 간혹 자녀의 의도대로 해서 원하는 결과가 나올 수도 있는데 그렇게 됐을 때는 부모의 고정 관념을 깨는 계기가 되는 긍정적인 면도 있다.

영원한 정답이 없다는 것을 이해하고 있어야 한다. 최근에 이르러 영원한 정답이 없다는 것을 실감한다고 하는데 특히 의학계(암치료, 당뇨 관리 등 건강관리 방법), 새로운 직업, 우주 관측(새로운 별 등장)이 심하다고 볼 수 있는데 그것은 급격한 과학의 발달도 이에 한 몫 하고 있다.

자녀 교육도 크게 다르지 않은 것은 기본은 큰 변화가 없을 수도 있으나 그 과정은 상당한 차이를 보일 수 있기 때문이다. 그러므로 필요성과

도출 방법과 배경 지식 익히기에 비중을 두기위해 스스로 해결할 수 있
도록 급한 마음을 자제해야 한다.

　커뮤니케이션은 상대방을 이해하려는데서 출발하며 자녀는 미래를
보는 혜안이 부족하므로 현재 하는 일에 흥미를 느끼도록 하는데 비중
을 두어야 하며 꾸중 2번에 칭찬이 8회는 되어야 한다.
　커뮤니케이션은 내가 양보하고 손해를 볼 때 가능해지며 자녀에게
느끼는 손해는 투자가 된다.

아이와 커뮤니케이션을 원활하게 하려면? II

아이와 원활히 커뮤니케이션을 이루려면 아이들의 Yes를 No로 읽을 수도 있어야 한다.

Case 1

아이의 대답은 Yes?, No?

선생님 선생님이 얘기할 때 알았다고 했어? 안했어?

아이 혼날 것 같아 알았다고 했어요.

엄마 엄마가 얘기할 때 하겠다고 했어? 안했어?

아이 할 수 없이 하겠다고 했어요.

아이 엄마 왜 약속을 지키지 않는 거야?

엄마 손님이 계신데 떼를 쓰니까 할 수 없이 지키겠다고 한거야! 그걸 믿었어? 바보처럼.

엄마	친구하고 놀고 ○○시 까지 숙제 다 해 놓는다고 했어? 안했어?
	왜 거짓말을 해!
아이	못한다고 했으면 만나지 못하게 했을거 아냐! 그래서 할 수 없이
	그랬어.
엄마	숙제 다했다고 해서 놀라고 했는데, 거짓말 했잖아?
아이	숙제 했다는 내말을 믿었어요?

교도관으로 근무하는 아들을 면회가는 엄마와 택시 기사와 대화

택시기사	(50대 중반 여자분을 태우고) 손님 어디로 가십니까?
손님	○○교도소로 가주세요.
택시기사	○○교도소로 가신다구요?
손님	네! 빨리 가주세요.
택시기사	교도소에 무슨 일로 가시나요?
손님	아들놈 면회가요.
택시기사	언제 들어갔나요?
손님	1년쯤 되었어요.
택시기사	언제 나오는데요?
손님	1년 남았다네요.
택시기사	아! 고생이 심하겠네요.
손님	할 수 없지요. 뭐 남은 기간 채워야지요.
택시기사	(무슨 죄를 지어서 1년씩이나) 마음 고생이 심하겠어요?
손님	8개월 전에도 갔었는데(자대 배치 후 첫 면회) 힘든지 면회를 오
	라고 연락이 와서 할 수 없이 가네요.

위의 예를 보면 대화가 겉돈다는 것을 알 수 있다. 대화에 진실성이 전혀 없거나 상반된 생각으로 대화를 하고 있다는 것을 알 수 있다.

지구상에 많은 동물들이 나름대로의 방식으로 의사 소통을 하지만 문자를 통해 의사 소통을 하는 것은 인간밖에 없다고 한다. 수많은 종족들이 나름대로 문자를 만들어 사용하는 것을 보면 역시 인간의 두뇌가 단연 우수하다는 생각을 하게 된다. 위 내용은 진실한 생각을 전달하고 커뮤니케이션을 이루기 위해 만들어진 언어가 왜곡되게 사용되는 상황 중 일부를 제시한 것이다.

언어가 의사 전달을 위한 수단임을 의심하지 않는다. 연인 간에 주고 받는 언어를 통상적인 언어로 해석하면 연애에 실패할 수도 있다고 한다. 이성간의 언어에는 남모를 특성이 숨어 있기 때문으로 특히 No를 Yes로 해석해야 하는데 No 그대로 해석해 "둔하다. 센스가 없다. 답답하다"라며 불평을 하기도 하고 이별의 계기가 되기도 한다.

아이들과의 언어는 어떨까?

부모의 불만을 들어보면 의사전달에 상당한 문제가 있음을 알 수 있다. 심부름, 집안일 돕기 등이나 특히 공부 문제에 대한 지시에 문제가 되는 경우가 많다. 분명히 아이도 알았다고 했는데 못 들었다고 하는 등 상당한 문제가 야기되는데 Yes가 No로 변하고, No가 Yes로 변하기도 한다.

부모와 자녀와의 대화 특히 열등생을 둔 부모와의 대화는 반대의 해석을 해야되는 경우가 상당하고 그로인한 커뮤니케이션의 미비로 갈등이 심화된다.

원인이 무엇일까?

직면한 위기를 순간적으로 벗어나기 위한 표현으로 주로 수직관계에서 발생한다. 예를 들어 공부를 하라고 독촉하는 듯한 부모의 말에 대답하는 아이의 표정이나 음성으로 진위를 파악할 수 있다.

- 부모 : 여러 말 말고 오늘은 외출하지 말고 공부해. 알았어? 몰랐어?
- 아이 : 알았어요! 알았다구요! 하면 될거 아니에요.

또 남녀 간 애정 표현의 경우 반대로 대답하고 새겨 들으라는 의미로 말을 하는 경우도 있고 남의 집에 방문했을 때 그집 식구들이 식사중인 경우 식사하지 않았으면 같이 하자는 주인 말에 식사를 하지 않았으면서도 했다고 인사 치례를 하곤 한다. 거부하는 말에 진실이 담겨있는지 파악해 봐야 하는데 대부분 거절시 표정이 부정적이지만 긍정적인 표정을 지을 경우 No를 Yes로 생각해야 한다.

공부, 요구, 청탁 등 거절을 함에도 강압적으로 Yes를 강요할 경우 견디다 못해 순간적으로 No를 Yes로 답변하는 경우를 일컫는다. 알아들을 수 없을 만큼 작게 대답하거나 화난 표정 또는 거친 음성으로 Yes라고 할 경우도 이에 속한다.

이는 확실히 전해 듣지 않은 상태에서 문제가 발생하기도 하는데 건성으로 듣고 대답하는 경우로 말을 하기 싫거나 컨디션이 나쁠 때, 싫어하는 사람과의 대화중 발생한다.

Yes인지, No인지 정확히 파악하려면 표정, 음성을 살피고 정확한 Yes, No가 아니라고 생각이 들면 재차 질문하여 확인해야 한다. 그리고 강제로 얻어내는 Yes, No는 의미가 없고 커뮤니케이션에 지대한 영향을 끼친다.

숨은 Yes, No를 정확히 파악하는 것이 커뮤니케이션의 지름길이며, 센스가 좋은 사람이며, 독심가라고 할 수 있고 인간관계에서 우위를 점할 수 있다. 특히 자녀와의 대화에서 진정한 Yes, No를 구별하는 것이 무엇보다도 중요하다.

아이의 *취침* 시간을 *이용한* 커뮤니케이션

아이가 잠자리에 들었을 때를 이용한 커뮤니케이션으로 문제를 해결한 혜진이의 사례를 제시한다. 필자가 조언했던 방법으로 1년 만에 성적이 월등히 좋아졌던 경우로 그것은 커뮤니케이션의 방법을 다르게 시도했었던 결과였다.

2002년 필자와의 상담시의 혜진이는 다른 아이들처럼 공부를 정말 싫어했었고, 상위권에 단 한 번도 진입해보지 못했다. 노력을 하는데도 성적 향상이 제대로 이루어지지 못했고 엄마와의 사이가 극에 달했었던 상태였다. 극심한 스트레스로 원형 탈모까지 생겼고 공부를 포기하기 직전까지 갔던 혜진이를 위해 필자가 제시했던 것은 학습 방법도, 학원 선택도 아닌 엄마와의 관계 회복을 우선순위에 두었던 방법이었다.

필자가 보기에는 아이보다 엄마에게 더 큰 문제가 있었는데, 그것은 학창시절 자신이 이루지 못한 꿈을 딸을 통해 이루고 싶은 욕심에 어릴 때부터 공부 전쟁을 시키다가 결국 문제가 더 심각해진 상태에 이르게 되었다. 그래서 많은 시간동안 혜진이 엄마와 상담을 하면서 커뮤니케이션의 중요성을 설득하고 다음과 같은 실천 방법을 제시하였다.

① 성적 향상을 입 밖에도 내지 않는다.

성적이나 공부를 입 밖에 내면 안된다는 것을 이해시켰다.

② 칭찬을 3회 이상 실행한다.

1년 동안 칭찬한 기억이 없는 엄마와 애정을 갈망하는 혜진이의 사이가 더 이상 악화되는 것을 방지하기 위해 칭찬을 권했다. 얼굴, 액세서리, 걷는 모습, 미소, 애교, 말씨, 식사하는 모습, 미적 감각, 쇼핑, 엄마와 같이 게임, 서체, 산행 등 무엇을 하든 항상 칭찬을 먼저하라고 권했다.

③ 취침 커뮤니케이션을 권했다.

취침 커뮤니케이션이란 아이가 잠들었을 때 아이와 대화하는 것이다.

취침 커뮤니케이션이 좋은 이유

부모 혼자 주고받는 대화의 형식을 갖추기 때문에 커뮤니케이션 실패의 주된 원인인 충돌이 발생하지 않는다. 자녀와 감정이 격해진 상태가 아니여서 이성적인 대화가 가능하며 혼자 중얼거리는 형태이기 때문에 하고 싶은 말을 아이에게 전달할 수 있다.

그리고 사랑하는 아이의 잠든 모습을 보고 애틋한 마음을 전하기 때문에 아이에게도 부모의 진심이 그대로 전달될 가능성이 많다. 평상시에는 몇마디가 채 오가기도 전에 감정이 상해 의도했던 대화를 하지 못하지만 일방적으로 읊조리기 때문에 의도했던 말 이상을 할 수 있다.

또 아이 입장에서는 취침(수면상태)을 전제로 부모가 자신에게 애정(이불 덮어주고, 이마 짚어주고, 머리카락을 쓰다듬어 주는 등 관심, 애정 표현)을 보여줄 때 가식이 아닌 진심으로 느끼게 된다. 잠결에 듣거나 잠들지 않는 상태에서 부모의 말을 일방적으로 듣게 되며 꾸짖는 말이 아닌 위로와 애정의 표현이기 때문에 감정이 격하지 않아 충돌 현상이 없어 이성적으로 생각하게 되고 부모를 십분 이해하게 된다.

위와 같이 했을 때 아이는 부모의 사랑을 확인하게 되어 감정이 북받쳐 울음을 삼키거나 부모가 방을 나가면 우는 아이들도 상당하다. 그것은 부모와 자식의 문제점은 대부분 오해에서 비롯되는데 오해가 일순간 풀리기 때문이다.

취침 커뮤니케이션 성공을 위한 실천의 예

첫 번째 단계는 시도 단계로 아이가 잠자리에 들기 위해 방에 들어가고 10 후쯤 가만히 문을 열고 아이 방안으로 들어간다. 안자고 있더라도 자는척하게 만들기 위해 방에 들어가면서 "혜진이 벌써 잠들었니? 벌써 잠들었네! 얼마나 피곤하면...."라고 아이가 '왜? 엄마' 라고 대답하기 전에 혼자소리로 중얼거린다. 그럼 아이가 미처 대답을 하기도 전에 '혜진이 잠들었네' 라는 말에 자는 척 할 수밖에 없다.

아이 얼굴을 잠시 주시하다가 아이의 이불을 잠시 들썩(아이한테 들으라는 식으로)이고 이불을 다시 덮어주면서 "그래, 오늘도 수고했다."라고 하면서 방을 나온다.

두 번째 단계는 애정을 표현하는 단계로 취침에 들면 잠들기 전에 아이의 방에 들어가 잠시 바라보다가 머리를 쓰다듬거나 이마에 손을 잠시 짚어보고 "사랑해"라고 짧게 말하고 방을 나온다. 아이의 표정이 밝아지고 부모를 보는 눈이 긍정적으로 변하는 단계이다.

마지막 세 번째 단계는 대화를 하는 단계로 본격적인 커뮤니케이션 진입 단계로 아이가 취침에 들면 1~2단계 '아이를 주시하거나 이불, 베개를 바로 해주기도 하고, 이마에 손을 짚는 등 스킨십을 하면서 3 단계로 진입하는데 머리를 쓰다듬거나, 이마를 짚으며, 손을 잡거나 어루만지며 혼자말로(아이가 들으라는 듯) 한숨을 쉬며 "공부가 뭐라고 우리 이쁜 딸을 이렇게 힘들게 할까. 공부만 아니면 내가 혼낼 일도 없을텐데, 공부가 원수야! 네가 힘들어 한다는 것을 알아도 이 엄마도 어쩔 수가 없단다. 어렸을 때 우리 딸 참 예뻤는데... 힘들어 하는 너를 보면서도 공부 안해도 돼라고 하지 못하는 엄마를 용서해."라고 말하면서 꼭, 살며시 껴안는다.

그리고 "사랑하는 우리 딸! 그래, 이겨낼 수 있고 공부 잘 할거야! 누구를 닮았는데, 힘들어도 참아 낼거야! 엄마는 믿어! 사랑해."라며 극적 효과를 위해 눈물을 훔치듯 해도 무방하다. 그리고 이어지는 엄마의 하소연, 공부에 대한 불가피성, 자신에 대한 사랑 표현, 평소에 듣지 못했던 말을 들을 때 아이는 엄마의 속 마음을 알게 되고 그런 과정을 반복하는 사이 아이는 굳게 닫힌 마음을 열게 되는데 급하게 서두르기보다 서서히 진행하는 것이 좋다.

혜진이 엄마의 말에 의하면 1주일에 2~3회 혜진이 방에 들어갔고 1

개월이 지나면서 변하기 시작했고, 2개월이 경과하면서 표면적으로 변하면서 3개월째 아이와의 벽이 허물어졌다고 하면서 고마움을 표시했다. 그로인해 공부하라는 말은 부모가 자신에게 스트레스를 주기 위한 목적이 아닌 자신을 위한 것이라는 생각을 가지게 되면서 스스로 적극적으로 임한 결과 1년 이내 상위권으로 진입할 수 있었다고 한다.

아이들이 가장 듣고 싶고 가장 좋아하는 말, 사랑해!

자녀들이 가장 좋아하는 말 1위로 '사랑한다' 는 말을 꼽았다.

사랑한다는 말을 가장 좋아 한다는 것은 그만큼 사랑한다는 말을 자주 못듣는다는 것을 의미한다. 자녀를 정작 사랑하면서도 사랑한다는 말을 하지 않는 이유는 무엇일까?

사랑이라는 표현에는 돈, 노력, 시간, 자격이 필요한 것도 아니고 많이 했다고 과태료를 내는 것도 아닌데 대부분의 부모들은 사랑한다는 말을 극도로 자제한다. 평생 사랑한다는 표현을 한 기억이 아예 없거나 손가락에 꼽을 정도에 불과한 사람도 많다.

사랑이란 무엇인가? 국어사전에서 정의한 사랑을 보면
- 아끼고 위하는 따뜻한 마음
- 남녀가 서로 애틋이 그리는 일 또는 그 애인. 연애
- 동정하여 친절히 대하고 너그럽게 베푸는 마음

- 육체적·감각적이 아닌 동정·긍휼(矜恤) 구원·행복의 실현을 지향하는 정념
- 열렬히 좋아하는 이성(異性)

위와 같이 많은 사랑 중에서 본 도서에서 의미하는 자식에게 베푸는 사랑은 첫 번째로 나오는 아끼고, 위하는 따뜻한 마음일 것이다. 아끼고, 위하는 따뜻한 마음도 가지고 있고 '사랑'이라는 간단한 표현 방법이 있음에도 불구하고 사랑한다는 의사를 전달하지 않는다. 자녀에게 원하는 만큼 아니 한없이 주어도 고갈되지 않을 만큼 아끼고 위하면서도 사랑이라는 표현에 인색하다.

혹자는 사랑이라는 한마디가 모든 것을 바꿀 수도 있다고 하며 고래도 춤추게 할 수 있는 것이 사랑이라고 표현할 정도로 사랑의 힘은 위대하다고 말한다. 샘물처럼, 지구상에 존재하는 공기처럼 무궁무진하게 많아 탐욕을 부려도 죄가 되지 않고 사용하면 사용할수록 효과를 발휘하는 사랑! 그런데 이토록 탁월한 효과가 있는 '사랑'을 왜 사용하지 않는 것일까?

사랑해라는 말을 하지 않는 이유

사랑을 왜곡하는 경향이 있는데 사랑을 남, 여 간의 애정 표현으로만 생각한다. 가족, 인척간에는 금기시된 용어라고 생각하는 듯 하다. 사랑이라는 말을 자신과 별개로 특정인(연예인, 외국인, 젊은 연인 등)이 사용하는 전유물이라고 생각하는 경우가 많다. 특히 자녀에게 불만이 있는 만

큼, 자녀가 힘들어 할수록 사랑이라는 용어는 묘약으로 작용한다.

가족인데 굳이 표현해야 하나? 부모, 자식 간의 사랑은 특히 유년기와 청소년기에 가장 필요하지 않을까? 항상 자녀를 스트레스로 몰아넣는 공부 강요, 끊임없는 통제, 억압, 꾸중 등으로 일관하기 때문에 애정(사랑) 표현이 절실한 것이다.

사랑이라는 말은 어떤 매듭도 풀어내는 명약으로 오해, 갈등, 고난, 절망을 용기로 바꿀 수 있는데 그것은 사람의 마음을 움직이게 하기 때문이다. 사랑해라는 말 한마디면 인간 관계에서 일어나는 대부분의 문제가 해결되는데 그말의 위대한 힘을 알지 못한다.

부모가 자녀에게 사랑의 표현이 중요한 것은 자녀가 싫어하는 것만 강요할 수밖에 없는 상황에 처해 있어 자녀와의 갈등은 어쩌면 필연적이며 그렇기 때문에 표현이 더 중요하다.

자녀가 가장 싫어하는 꾸중, 지시, 하지마(통제, 자제), 해! 등의 표현이 필자의 조사에 의하면 초, 중등생의 경우 평균적으로 하루동안 20회를 상회했다. 1년으로 계산하면 365일×20회 = 7,300회를 자녀에게 스트레스를 준다. 부모의 애정을 의심하게 만들면서도 설문 결과에 의하면 1년 동안 애정 표현은 단 10회에도 미치지 못한다는 통계를 볼 수 있었다. 즉, 730회 : 1이 되는 것이다.

위와 같은 상태에서 어떻게 부모를 긍정적으로 생각하며, 부모가 나의 미래를 생각해 지시하는 것이라고 생각할까?

사랑은 부정적으로 인식하기 이전에 마음을 열게 되어 커뮤니케이션을 용이하게 만들기 때문에 지시를 왜곡하거나 편향적으로 받아들이지 않으며 설사 커뮤니케이션에 문제가 있다해도 가장 빠른 시간에 가장 저렴(공짜)한 비용으로 문제 해결에 특효를 발휘한다.

이렇게 부모자식간에 일어나는 문제들을 사랑해라는 한마디로 쉽게 풀수 있는데 사랑한다는 표현도 테크닉이 어느정도 필요하다는 사실을 명심해야 한다. 아무런 근거도 없이 자녀와 마주칠 때마다 사랑한다고 할 수도 없고 무의미하게 남발하면 효과가 약해진다. 사랑을 표현할 때 자녀의 행동에 초점을 맞추는 것이 원만하다.

학교에서 왔다면 "힘들었지! 우리 ○○ 사랑해", 심부름을 다녀왔다면 "고생했어 사랑해!", 과제물, 학원, 시험. 특히 공부에 관한 일이라면 강도를 더 높여 "우리 ○○ 고생했어! 하기싫은 공부(시험, 과제, 예, 복습) 참고 하느라고 우리 ○○ 착해, 시키는 대로 잘하고 사랑해!"라고 해야 한다.

과정이나 결과가 있을 때 결과 여부를 떠나 애정 표현을 하고 가능하면 과정을 평가하는데 주력해야 현재 문제가 있어도 다음 번에는 과정에 충실하게 되어 긍정적인 결과가 나타날 수 있다. 사랑은 세상에서 유일하게 누구나 원하는 만큼 소유할 수 있고 아무리 많이 사용해도 부작용이 없으며 저작권이나 사용료를 요구하지 않으며 과해도 체하지 않으며 커뮤니케이션의 특효약이다. 자녀와 원만한 관계를 원하거나 자녀를 내가 원하는 방향으로 성장시키고 싶다면 사랑이라는 묘약을 사용하라!

위의 모든 문제를 해결하는 열쇠는 진정으로 사랑하는 아이에게 부모의 마음을 전달하는 것이다. "우리 딸(아들) 정말 사랑해! 힘들면 쉬었다가 해! 나는 네가 공부를 못해도 상관없어 그래도 사랑하니까"라고 말이다.

칭찬과 격려가 마음을 움직인다

설문시 부모님께 듣고 싶은 말 1위는 사랑이 차지했고, 2위는 칭찬과 격려가 차지했다. 사랑과 칭찬, 격려는 어떻게 구분할까?

- 격려(激勵) : 마음이나 기운을 북돋우어 힘쓰도록 함. 분기시킴.
- 칭찬(稱讚) : 좋은 점을 일컬어 기림. 잘 한다고 추어줌.

자녀가 왜 부모에게 칭찬과 격려를 원하는가? 자녀들이 간절히 원한다면 그만큼 자녀에게 칭찬과 격려에 인색했다는 것을 의미하지는 않을까? 그렇다면 자녀들은 왜 자신들에게 부모님이 격려와 칭찬을 해주기를 바라는 걸까? 그리고 부모는 소중한 자녀에게 칭찬과 격려를 얼마나 했고 중요성을 인식하는 정도는 얼마나 될까?

사랑과 칭찬 그리고 격려는 타인을 배려하는 면이 강한데 결과에 대한 긍정적인 평가의 표현 그리고 진행중이거나 원하는 결과가 나타나지 않았을 때 격려를 통해 용기와 과정에 대한 행위를 인정하는 것이라고 볼 수 있다.

자녀는 왜 칭찬과 격려 받기를 원할까?

많은 아이들이 부모를 위해 하기 싫은 공부를 하기 때문에 칭찬과 격려를 받아야 한다고 생각한다. 이해하기 어렵겠지만 대다수의 초·중학생은 공부를 하는 이유로 부모의 강요를 꼽고, 내가 공부를 잘하면 부모님이 기뻐하시니까로 답한다. 성적이 좋으면 부모의 표정이 밝아지고 성적이 부진하면 부모가 화를 내거나 혼나는 과정을 반복했기 때문이다.

그리고 하기 싫은 공부를 부모의 강요에 의해 학원도 다니는 등 나름대로 열심히 공부한 결과로 우리반 누구는 점수가 떨어졌는데 그래도 나는 조금 올랐다(부모 생각에는 도토리 키재기)고 생각하기 때문에 칭찬을 받고 싶어하는 경우도 대부분이다.

자녀의 입장에서 부모를 보면 좋고 편한 것만 골라서 마음대로 한다고 생각할 수 있다. TV도 실컷 보고 공부를 하는 것을 본적도 없다. 엄마는 밥만 해주고 맨날 놀고, 아빠는 회사 다녀오면 집에서 하고 싶은 것만 하고, 자신만 학교에서 공부하고, 학원에서도 공부하고, 집에 와서는 좋아하는 TV, 게임도 하지 못하게 하고, 잠을 자려고 해도 공부하라고 하고, 누우면 일어나라고 하고, 바르게 앉으라고 하는 등 잠시도 내 마음대로 하지 못하게 한다고 생각하는 경향이 많기 때문에 아이들은 자신들이 칭찬을 받아야 한다고 생각하기도 한다.

공부가 나이에 따라 변할 수 있다는 것을 인지하지 못하는 것도 있으나 대부분의 부모들이 책을 멀리하는 하는 것도 일조하는 것 또한 사실이다. 또한 자녀를 둔 엄마의 공부는 자녀 양육, 식사 준비, 청소 등이 공부이며 아빠는 회사에서 열심히 일을 하여 생활할 수 있도록 돈을 벌어오는 것이 공부라는 것을 인지시켜야 한다. 하지만 무엇보다 기본적으로 품고 있는 것은 꾸중보다는 칭찬이 기분 좋기 때문에라는 인간 본성에 따르는 면이 크다. 말도 못하는 갓난아이들 조차 칭찬과 꾸중을 구분해 낸다고 한다. "착하지! 아이고 예쁘네, 잘 놀았어!"와 "아무리 봐도 예쁜 구석이 없네! 왜 이렇게 심술만 부리지!"라고 했을 때 반응이 달랐다고 한다. 하물며 사춘기에 접근했거나 사춘기에 진입한 자녀들은 어떨까?

"하는 행동마다 왜 이 모양이야?", "이걸 성적이라고 받아왔어!", "또 이따위로 해! 누굴 닮아서 이래! 난 학교 다닐 때 우등생만 했어" 등(사실이 아니라는 것을 아이들도 알고 있음)으로 질책과 엄포가 주류를 이루기 보다 격려나 칭찬이 있다면 부모님의 얼굴에 미소가 감돌고 사랑스러운 표정을 볼 때 자녀는 기뻐할 수밖에 없다.

부모는 왜 칭찬과 격려에 인색할까?

그렇다면 부모들은 하나같이 칭찬과 격려에 인색 할 수 밖에 없을까? 아마 가장 큰 원인으로는 부모 자신들이 어렸을 때 칭찬이나 격려를 받아본 적이 별로 없기 때문일 것이다. 예전에는 부보와 자녀 사이에는 대화 자체가 아예 없었다고도 볼 수 있다. 대부분 부모(특히 아버지)가 표정만으로, 헛기침만으로 의사를 전달하기도 했다. 그로 인해 평생 아버지에게 칭찬 한번, 격려 한번 받지 못하고 성장한 사람들이 지금의 부모들 세대이며 그래도 큰 문제없이 성장할 수 있었던 사회적 분위기였다. 그로인해 현재 부모는 자녀에 대한 칭찬과 격려에 익숙하지도 않고 중요성도 인식하지 못하고 있으나 최근의 자녀들은 칭찬과 격려에 목말라 하고 있다.

또 부모들이 어렸을 때는 칭찬이나 격려는 주로 대단한 일을 했을 때 (1등, 고시 합격, 장학생 선정, 예체능 경시대회 수상 등) 머리를 쓰다듬으며 "장하다"라는 말 한마디 정도가 전부였다. 문제는 현재 아이들의 세대와 부모 세대와의 경제적 차이가 문제가 되는데 의식주에서 부족함을 느끼며 자란 세대는 인내심, 목표의식 등이 뚜렷한데 비해 현재의 아이들 세대는 정신적, 육체적으로 나약하기 때문에 성취감과 칭찬과 격려가 필요한 것이다. 그리고 일부 부모들은 오히려 교만해질 수 있다는 이유로 칭찬에 인색해 한다. 즉, 쇠는 달궈졌을 때 두들겨야 한다. 칭찬은 자만으로 이어진다. 달리는 말에 채찍질을 해야 한다며 칭찬과 격려를 아끼는 분들도 있다. 성장 과정과 개성에 따라 차이는 있겠으나 더 큰 결과를 위해 칭찬과 격려가 절대적으로 필요하다.

아이는 자신보다 뒤쳐진 친구들을 기준으로 자신의 능력을 평가하는 잣대로 삼는 반면 부모는 자신의 아이보다 우수한 아이를 기준으로 한다는데 문제의 심각성이 있다. 격려와 칭찬이 필요한 것은 흡사 화초가 성장할 때 필요한 수분, 영양소, 햇빛이 없어서는 안되는 것처럼 아이의 성장에 필수적으로 필요한 요소이며 만병 통치약이다.

아이가 힘들어 할 때 용기를 주고, 희망을 주고, 인내심을 배양하게 된다. 칭찬과 격려는 돈이 드는 것도 아니고, 힘이 드는 것도 아니고, 세금을 내는 것도, 인격이 깍이는 것도 아닌데 안하고 아낄수록 독이 된다.

세상에서 가장 듣기 좋은 말, 이제 게임해!

부모들이 하는 말 중 가장 좋아하는 말 1위에 오른 것은 "게임하라고 할 때"라는 말과 "하고 싶은 것 하라고 할 때"라고 말할 때이다.

자녀들의 소원이라고 볼 수도 있다. 그것은 그만큼 자녀는 속박된 상태에서 생활하며 만성 스트레스에 시달린다고 할 수 있다.

부모는 학생이 공부하는 것은 당연하다고 생각한다는데 문제의 심각성이 있는 것은 성인은 업무의 끝이 뚜렷한 반면 학생은 애매하다는 것이다. 또한 성인도 하루 8시간 정도의 업무에도 피곤을 호소하는데 학생인 자녀는 2배 이상 학습 스트레스에 시달리며 자신의 스트레스를 호소할 곳이 없다는 것이다.

내용	아이	아빠	엄마
09:00~18:00	학교·학원 생활	직업에 종사	가사 또는 직장 업무
19:00	식사		
20:00~23:00	학원, 과외	자유	가사 정리 및 자유
23:00~	과제물 이수시간	수면 및 자유	
06:00~	수면 및 과제물 이수	수면	아침준비
공휴일·국경일	학원 강의 보충 및 과제물	휴식	휴식 및 가사정리

▶ 본 자료는 중학생 기준의 예

- 성인 : 특근 등 특별한 경우를 제외하면 출, 퇴근 시간이 분명히 정해져 있어 퇴근을 하면 원하는 행동을 할 수 있다. 즉 근무시간이 8시간이라면 퇴근 후에는 업무를 떠날 수 있어 취미 생활, 영화 감상, 수면 등 원하는 것을 하면서 휴식을 취할 수 있다.
- 학생 : 하루 24시간 중 수면 시간을 제외한 16~17시간(성인의 2배)을 공부에서 떠날 수 없다.

학교에서 내준 과제물이나 예습, 복습 걱정을 하면서 등교한 후 6~7시간 학교에서 공부하고 곧장 학원(사교육)에 가거나 집에 들려 간식 등을 먹고 학원을 향하며 학원에서 3~4시간 강의를 듣고 과제물을 잔뜩 안고 귀가를 하면 10:00~12:00가 되는데 부여한 과제물을 하거나 마치지 못하면 새벽에 일어나 마무리를 해야 한다.

4~5시간 수면을 취하고 알람소리에 일어나 마치지 못한 과제를 채

다하지도 못했는데 식사 시간을 알리는 엄마의 불호령이 떨어지고 식사를 하는 둥 마는 둥 또 하루가 시작된다.

자녀가 부모님께 원하는 것 1위가 '게임하라고 할 때'와 '하고 싶은 것 하라고 할 때'라고 의사 표시를 하는 이유를 분명히 알아야 하는 이유가 여기에 있다.

부모가 자녀를 이해하지 못하는 원인을 알아보면

① 공부는 학생 시절 당연히 누구나 해야 한다.

누구나 하는 것으로 재론할 여지가 없다.

② 공부는 남보다 출세하려면 더 많이 열심히 해야 한다.

부모가 자녀에게 물려줄 유산도 적고 남보다 출세하려면 공부를 열심히 하는 수밖에 없다.

③ 공부는 나도 학창시절 너 못지않게 했다.

너도 힘들지만 나는 더 고생하며 공부했다. 학원도, 문제집도, 집안일까지도 하면서 힘든 공부를 참고 했어. 그러니까 지금 네가 힘든 것은 힘든 것도 아니야!

④ 내가 못 한일 네가 이루어야 하니 참아야 해!

내가 이루지 못한 꿈 네가 이루어 주어야 해! 나만 좋으라고 하는 것 아니야 결국에 너도 좋잖아!

⑤ 공부는 너를 위해서 하지, 나를 위해서 하니!

공부는 너를 위해서 하는 것이며 남보다 앞서려면 그만큼 열심히

해야 하잖아 남보다 머리가 좋은 것도 아니고 그렇다고 아빠가 돈
이 많아 수백만 원짜리 과외를 시켜 줄 수도 없고 놀고 싶다고 놀
고, 게임하고 싶다고 게임만 하면 어떻게 되겠어! 몇 년만 고생해
그러면 평생이 보장되니까. 아빠가 힘들어도 너희를 위해 직장을
다니고 상사에게 욕먹고 부하에게 씹히고 모함을 받아도 참고 견
디잖아.

자녀가 공부에 견디지 못하는 이유

① 공부의 필요성 인지 부족
　공부를 잘해야 출세할 수 있다고 앵무새처럼 떠들지만 현실적으로
와 닿지는 않는다. 수학, 과학을 사회 생활 할 때 써먹는 것도 아니
고 도대체 왜 배우는지 모르겠어라며 불평한다.
② 나보다 못한 친구도 많은데
　극상위권에 진입하지 않으면, 진입했다 하더라도 최상위가 아니
면, 성적이 10번 오르다가 한번 떨어지기라도 하면 불호령이 떨어
지고, 잘했을 때는 칭찬하지 않고 조금만 못해도 혼내고 나보다 못
한 친구도 엄청 많은데, 친구 ○○는 5점 올랐다고 게임기, 용돈,
외식 등을 한다는데 나는…. 아! 짜증나 정말….
③ 부모님은 TV 보고 나는 못보고
　공부 다 끝내고(과제물) TV 좀 보려고 하면 공부하라고 하고, 과제
물 다했다고 하면 예습, 복습하라고 하고 엄마, 아빠는 TV 보면서
나는 왜 못보게 하는지 모르겠어.

④ 열심히 하는데도 효과는 없고

열심히 하면 성적이 오른다고 부모님도, 학교(학원, 과외) 선생님도 말씀하셔서 열심히 했는데 성적이 오르지 않으면 내가 열심히 하지 않아서라고 꾸중하면서 똑같이 한 ○○는 올랐잖아라고 한다. 정말 그럴까? 그래도 시키는 대로 과제물도 했고 정신차리고 했는데... 어른들은 순 거짓말쟁이라며 원망한다.

게임이 왜 좋을까?

게임은 특히 공부를 거부하는 자녀에게는 신선한 공기와 같은 것인데 답답한 공부와는 달리 내가 노력하는 만큼 성과로 나타나기 때문이다. 버튼을 누르거나 화살표로 이동하고, 총을 쏘고, 포탄을 퍼 부으면 즉각 반응한다. 내가 이겼는지를 바로 알수 있으므로 게임을 하면 상쾌하고 시원한 느낌을 받으며 스트레스가 풀리는데 공부와 달리 기초가 필요없이 하는만큼 실력이 늘어간다.

그러나 97~99점대 학생들은 공부를 하면서 게임을 하는 것과 같은 쾌감을 느끼고 공부에 몰두하는 것은 노력하는 만큼 새로운 지식이 뇌에 축적되는 것을 느끼기 때문이다. 그래서 극상위 그룹은 게임보다 공부를 좋아하며 하루 종일 공부해도 스트레스를 받지 않으며 무엇 때문에 다른 애들은 어른들이 싫어하는 게임을 하고 혼나는지 몰라라며 의아해 한다.

학생의 90%(99%라고 하고 싶지만)에게는 스트레스를 해소하는 게임이나 자유 시간이 절대적으로 필요하다. 학습량과 성적 향상은 정비례하지 않는 경우가 상당하며 스트레스가 누적되면 성적 향상은 요원해진다.
자녀에게 게임이나 자유 시간은 절대적으로 보장되어야 하는 이유가 여기에 있다.

엄마가 좋을 때?
맛있는 음식을 줄 때!

최근에 지구촌은 비만과 영양 실조로 양분이 되어 있다. 넘쳐서 문제가 되기도 하고 반면 모자라서 영양 실조와 기아로 아까운 생명이 사라져간다. 비만의 원인 중 하나는 스트레스를 받으면 음식을 섭취하는 것으로 욕구불만을 해소해서 비만으로 이어진다는 것이다.

설문 조사에서 부모님이 좋을 때라는 질문에 '맛있는 것을 주실 때'라는 질문에 많은 학생들이 응답한 자료 결과를 접하고 유심히 생각한 바 의외로 심각할 수도 있다는 생각이 들었다.

필자가 군 생활을 할 때 유일한 피난처가 있었는데 그것은 교회였다. 사회에서는 꺼려했던 종교를 훈련소에서는 피난처로 생각했던 이유는 현실 도피를 할 수 있었기 때문이다. 주말에도 쉴새없이 사역, 관물 정리, 청소, 기합 등으로 잠시도 숨 쉴 틈을 주지 않아 생지옥같았던 훈련소를 벗어났다는 안도감 그리고 종교(불교, 기독교) 활동에 참가하고 있을 동안은 졸아도, 다른 생각을 해도 제재를 가하지 않는 나만의 시간을 가질 수 있었기 때문인데 이후 그 당시만큼 편안하게 생각되었던 곳은 없는 듯하다.

불현듯 그런 생각이 뇌리를 스치면서 예전에 만났었던 초등학교 5학년 재호가 생각이 났다. 성적 때문에 비만해진 재호는 3학년 때까지만 해도 체형이 정상적인 아이였으나 4학년부터 살이 찌기 시작해서 2달 사이에 15킬로그램이 증가해 키가 154cm인데 60킬로그램에 이르렀고 급기야 4학년 중반에는 66킬로그램에 육박하게 되었다.

부모도 뚱뚱한 체형이 아니었는데 유난히 살이 쪄 고도 비만에 이르게 되었고 급기야 4학년 겨울 방학 전에 성인병인 당뇨 진단을 받게 되었는데 의사는 스트레스 해소를 음식으로 풀었기 때문이라는 진단을 했다고 한다.

부모님 말씀인즉 4학년이 되면서 재호 아빠가 재호의 성적 목표를 정하고 혹독하게 공부를 시켰고 엄마는 힘들어 하는 재호를 위해 피자, 햄버거, 치킨 그리고 좋아하는 음식을 원하는 대로 주었다고 한다. 초기에는 힘들어 했지만 성적도 오르고 별문제 없었는데 살이 찌기 시작하면서 성적도 향상되지 않고 공부를 더 힘들어 하면서 먹는 것만 찾기를 반복하면서 현재 이르렀다며 "우리 재호 어떻게 해요"라며 울먹이는 재호 어머님의 얼굴이 떠올랐다.

자녀가 왜 먹는 것에 비중을 많이 둘까?

① 먹을 때가 제일 행복하다고 느껴서 그런 것일까?
② 배고픔이 해결되기 때문에 좋아하는 것일까?

③ 엄마가 만든 음식에 사랑이 가득 담겨있기 때문일까?

④ 공부에 대한 스트레스를 풀고 있기 때문일까?

⑤ 엄마가 만든 음식을 먹는 동안은 공부의 고통에서 벗어나기 때문일까?

아이가 아래와 같은 경우 관심을 가질 필요가 있다

① 항상 먹을 것을 달고 산다.

② 먹으면서 행복한 표정을 짓거나 행복하다고 한다.

③ 공부나 숙제를 하기 전에 먹을 것부터 먼저 챙긴다.

④ 짜증을 내다가도 먹을 것을 주면 금새 기분이 좋아진다.

⑤ 뚱뚱한 외모에 신경 쓰지 않는다.

⑥ 아무리 배가 불러도 음식을 사양하는 법은 없다.

대안 찾기

① 스트레스를 최소화시키려고 노력한다.

스트레스가 주 원인인 만큼 스트레스를 줄이는데 주력하여야 하며 공부를 우선순위로 두지 않고 건강과 정서적 안정에 중점을 두어야 하는데 그것은 아이에 대한 요구 수준을 낮출 때만이 가능해진다.

② 즐거움을 만들어 준다.

먹는 것을 배제한 상태에서 아이가 좋아하는 게임 등을 하더라도
먹는 것에 대한 욕구를 느끼지 않도록 세심한 배려(가족 게임, 산행,
외출, 사우나, 영화관람 등)를 한다.
③ 성취감을 느끼게 하는데 주력한다.
아이에게 먹는 즐거움보다 더 좋은 칭찬, 성취감을 느끼게 하기 위
해 칭찬하고 가능성을 제시하며 자신감을 가지도록 하는데 비중을
둔다.

하고 싶은 것?
여행, 외식!

수년 전부터 국내 여행은 물론 해외 여행이 일상화 되다시피 하고 있다. 경제력이 향상되면서 지구촌 한지붕이라는 이름에 걸맞게 연휴만 되어도 공항이 북새통을 이룰 정도라는 뉴스를 자주 접한다.

설문 조사시 부모님한테 듣고 싶은 말로 여행을 선택한 학생들이 상당히 많았다. 그만큼 여행이 일상화되었다고 볼 수도 있으나 학생이 여행을 선호하는 것은 의외라는 생각이 들었다.

아이들 성향이 게임, 영화, 유명 브랜드 옷, 신발, 책 읽기, 자유, 방학, 잠 실컷자기 등이라고 생각했는데 의외의 사항이었다. 여행의 의미를 사전에서는 볼일이나 유람의 목적으로 다른 고장이나 외국에 가는 일이라고 정의하였다.

아이들에게 볼일이 있을 턱이 없고 여기저기 명승지를 찾아 구경하고 유적지를 관찰하는 것이 주 목적은 아닌 듯 하고 더구나 새로운 고장이나 외국의 문물을 익히기 위해 목적이 있는 것 같지는 않기 때문이다.

여행을 하는 목적은 다양하겠으나 업무를 제외하면 대부분 일상 탈출이라고 할 수 있다. 수년전 CF 카피에 열심히 일한 당신 떠나라라는 말이 호응을 얻고 여행 인구를 증가시켰다는 후문도 있다. 이렇듯 여행은 지친 몸과 마음을 추스리고 새로운 활력을 얻기 위한 수단이라고 할 수 있을듯 하다. 공부하는 학생들에게 여행은 어떤 의미일까? 공부에 지친 심신을 풀고 충전을 위해 필요한 것일까? 아니면 현실 도피일까?

아이들에게 여행을 하면 좋은 이유는 무엇인가요라는 질문에 다음과 같은 대답들이 나왔다.

- 맛있는 것을 먹을 수 있으니까
- 공부를 안 해도 되니까
- 재미있으니까
- 혼나지 않으니까
- 내가 하고 싶은 것을 마음대로 할 수 있으니까

진심을 정확하게 나타낸 것이라고 할 수 있다. 여행의 본질과는 다소 상반된 인식을 가지고 있으나 학생들의 입장에서 보면 여행에는 자신이 원하는 것이 상당히 많이 포함되어 있다.

집에서 먹는 것보다 맛있는 것을 먹는 것은 지극히 당연하며, 대부분 여행을 하면서 공부를 강조하거나 꾸중하지 않고 학교, 학원 등이 자신을 속박하지도 않고 처음으로 접하는 풍물, 유적 등이 신기하고 다소 잘못을 했더라도 혼나지 않으며 내가 갖고 싶은 것 1~2가지쯤은 사주시고 잠을 자고 싶을 때 마음 편하게 잠을 잘 수 있기 때문이다.

어쩌면 자녀들에게 여행은 천국에서의 생활과도 같을 수 있는 것은 공부에 대한 억압에서 벗어 날수 있기 때문인데 여행을 하므로 스트레스를 주던 요소의 대부분이 제거되기 때문이다.

굳이 멀리 떠나지 않아도 가정에서 여행을 할 때처럼 아니 20~30% 정도만이라도 자녀를 편안하게 해줄 수는 없을까? 그것은 자녀의 수준에 맞는 학습 프로그램과 자녀와 생활 계획표를 만들어서 실천하면 가능하다.

생체리듬에 따르는 계획표를 만들려면

먼저 자녀의 수준을 정확하게 파악해야 한다. 그래야 집중 가능한 학습량이 필요하다. 그리고 실천하는 것은 자녀이므로 작심삼일이 되지 않기 위해서는 자녀와 필히 협의하고 협의가 불가능할 때면 시한부로 자녀의 의견을 수용한다. 이때 공부시간은 집중이 가능한 시간대로 결정되어야 하고 가능한 짧게 반복시켜야 하는데 성적이 부진할수록 공부시간과 자유 시간을 50:50 배정을 원칙으로 한다.

매일 평가하는 시간을 갖고 그에 따른 포상을 하고 실천 상황을 감안해 학습 계획을 재조정하는 자료로 활용하도록 하자.

생활 계획표 평가는 정도를 비율에 따라 포상을 하는데 여행, 1일 자유, 먹고 싶은 것 실컷먹기, 게임 등 1개월 결산(스티커 점수) 기준으로 자녀가 선택하게 한다.

손님이 오면 유난히 말을 듣지 않는 아이

아이들의 영악함은 예나 지금이나 혀를 내 두를 정도다. 필자의 아이도 평소에는 말을 잘 듣다가도 손님만 오면 떼를 쓰고 고집을 부리며 자신의 요구를 때썼고 어쩔 수 없이 손님 때문에 요구를 들어주곤 하였다. 그러는 과정에서 버릇은 점점 나빠지고 아이는 궤도 이탈을 자주 했지만 적절한 대책을 세우는데 쉽지 않았다.

아이가 손님이 계실 때 말을 듣지 않는 것은 자신의 요구를 관철시키기 위해서이다. 부모의 약점을 공략하는 것으로 평소에는 들어주지 않는 요구도 손님이 계실 때(특히 외가, 친가 할머니, 할아버지, 친인척, 부모 친구 등) 평소 불만 사항(용돈, 외출, 상품구입 등)을 강력하게 요구하면 들어준다는 사실을 이용하는 것이다. 문제는 자녀 교육 원칙이 무너지므로 교육에 치명적이 될 수 있다.

수개월 전 집들이를 위해 오랜 지인의 가정을 방문하였다. 축하와 함께 맛있는 음식을 먹으며 덕담 등을 하면서 즐거운 시간을 보내고 있는데 4~5세된 손자가 정신없이 돌아다니고 있었다. 음료수를 엎지르고 손을 밟고 신경이 곤두설 지경이었다. 참다못한 그집 며느리가 손님들에게 "잠깐만요"라고 양해를 구한 뒤 처방을 시작했다.

지인의 집들이에서

엄마 (아주 작은 목소리로) 우진아! 우진아! 우진아! (라고 부르기 시작했다. 너무 작은 목소리였기에 모두 의아해 했고 하던 대화를 중단했다. 다시) 우진아! 우진아! 우진아! (를 반복해서 불렀다.)

우진 (천방지축으로 떠들고 돌아다니던 아이가 갑자기 동작을 멈추며 주위를 살폈는데 아마 우리들의 대화가 중단되자 이상하게 생각한 모양이었다.)

엄마 (다시 작은 목소리로) 우진아! (라고 부르자.)

우진 네! 엄마. (라고 대답했다.)

엄마 엄마 목소리 커, 작아?

우진 작아요.

엄마 그럼 엄마 화가 많이 난거야 적게 난거야?

우진 많이 났어요.

엄마 우진이 많이 잘못한거야 적게 잘못한거야?

우진 많이 잘못한거에요.

엄마 무엇을 잘못했어?

우진 시끄럽게 떠들고 돌아다닌 거요.

엄마 그럼 어떻게 해야 해?

우진 떠들지 말고 얌전하게 있어야 해요. 그리고 벌 받아야 해요.

엄마 무슨 벌 받아야 하지?

우진 매를 3대 맞거나 손들고 있어야 해요.

엄마 우리 우진이 잘아네! 또 그럴거야?

우진 안 그럴께요.

엄마 무슨 벌 받고 싶어?

우진 한번만 용서해 주면 안되요?

엄마 좋아 그럼 이번에만 특별히 네 가지 중에 하나 선택해! 매를 3대 맞기, 손들고 30분 서있기, 퍼즐 10개 맞추기, 한문 100자 쓰기.

우진 그럼 퍼즐 10개 맞출래요.

엄마 퍼즐 맞추기하면서 또 떠들면 어떻게 되지?

우진 종아리 맞아요.

엄마 몇 대 맞는데?

우진 5대요.

엄마 방에 들어가서 퍼즐 맞추기 하고 떠들면 안돼! (라고 일침을 가한다. 그리고 활짝 웃으며) 죄송해요. 이제 괜찮을 거에요.

그 자리에 있던 모든 사람들이 놀라면서 그 모습을 쳐다봤던 기억이 난다.

어떻게 그런 교육 방법을 생각해냈는지 물어보자 아이가 손님만 오시면 유난을 떨어 생각해 낸 훈육 방법이라며 큰 소리로 꾸짖으면 분위기가 급랭되고 훈육을 하지 않을 수도 없고 해서 차선책으로 평소에도 아이를 꾸짖을 때는 큰소리보다 작은 소리로 꾸짖는 것이 효과적이며 손님들에게 잠깐만 양해를 구해 지도하는 방법을 택했다는 것이다.

아이에게 자심감을 가지게 하려면?

　매사에 소극적인 아이들이 증가하고 있다. 상당한 부모님들이 아이의 소심함에 신경을 쓴다. 가정에서도, 학교에서도, 친구 간에도, 친인척을 만나도 먼저 인사하기보다 친인척이 아는 척을 하면 마지못해 응한다. 천성도 있지만 대부분 자신감의 결여에서 나온다는 것이 문제이다. 자신감이 없다는 것은 아이로서 갖추어야 할 기본적인 성격, 친구와의 관계 등이 문제가 있다고 볼 수 있다.

　자신감이 없으면 매사에 소극적이며 주어진 일을 회피하려는 경향이 많은데 능력을 발휘하는데도 문제가 있으며 과소평가 될 수도 있다. 또한 자신감은 의욕을 고취시켜 행동을 유발하게 하며 가진 에너지를 분출시키며 나아가 다음 단계로 승화시킨다. 간혹 성적이 우수한 아이가 자신감이 결여된 경우를 볼 수 있으나 대부분 열등생인 경우가 대부분이다.

　아이에게 성적 향상을 원한다면 먼저 자신감을 심어주는데 주력하는

것이 좋다. 많은 노력과 시간이 필요한 학습보다 단기간에 성과가 나타
나는 행동에서 잦은 성취감을 느끼게 되면 자연스럽게 자신감을 느끼게
되어 아이의 마음과 행동이 적극적으로 변하게 된다.
　다음과 같은 방법을 한번 사용해보자.

시골방문

　공휴일, 방학 등을 이용하여 시골(외가집, 친할아버지 댁, 친인척집 등)을
혼자 방문하게 한다. 대단한 용기가 필요하기도 하고 처음에는 두려워
할 수도 있지만 집에 돌아올 때는 두려움이 10%로 줄어들고 해냈다는
기쁨과 뿌듯함으로 충만하게 된다. 부모도 불안할 수 있으나 휴대폰 등
으로 연락을 할 수 있기 때문에 불안해 할 정도는 아니다.

전단지 이용

　가정에 배포되는 전단지를 이용하는 것으로 멀리 떨어진 곳에서 쇼
핑을 시키는 것인데 친인척 방문 전 단계로 이용하면 좋다. 근래에는 대
형 마트가 전국에 체인점을 두고 세일 등을 동시에 실시하는 것을 이용
하는 것이다.

멀리 심부름을 시켜 자립심을 키워주려는 엄마

엄마   우진아 3일 후에 일요일날 분당 ○○ 마트에서 세일하는 ○○ 좀 사
　　　와.

우진   엄마 목동에서 분당까지 그걸 사러 가요?

엄마   이번 일요일은 그 심부름만 하고 나머지 시간은 네가 하고 싶은 것
　　　해!

우진   그래도 너무 멀고 차도 몇 번씩이나 갈아 타야 하는데.

엄마   지하철로 갈수 있는데 뭐! 우리 우진이는 할 수 있어 얼마나 똑똑한
　　　데!

우진   그래도... 엄마도 같이 가요.

엄마   안돼! 이것은 우진이의 숙제야, 너 혼자 해야 해. 우진이 친구 중에
　　　아니 전교생 중에서도 먼 거리를 혼자 쇼핑해본 아이는 너밖에 없
　　　을 걸.

우진   그래도 무서운데.

엄마   핸드폰 있잖아! 불안하거나 문제 있으면 엄마에게 전화해.

우진   갔다오면 자유시간 줄거죠?

엄마   그래, 가기 전에 계획표를 만들어서 엄마에게 보여 줘야해! 그리고 영
　　　수증 꼭 받아와야 해! (주위에서 구입할 수 있기 때문에)

쇼핑은 가장 간단하고 자주 활용하는 방법으로 아이에게 일상용품과 식품 등을 쇼핑하게 하거나 같이 쇼핑하면서 칭찬을 계속 해줘서 자신감을 심어 주려고 노력한다.

위와 같이 구체적인 계획을 수립하다 보면 매사에 치밀해지고 실수를 방지하게 되는데 학습 계획도 구체적으로 세우게 된다.

방에 틀어박혀 나오지 않는 아이

　모처럼 시간이 있어 아이의 얼굴 좀 볼라치면 방에 들어가 꼼짝을 하지 않는다며 불만을 토로하는 부모들을 자주 만난다. "도대체 공휴일이 되면 하루 종일 틀어 박혀 무엇을 하는지 모르겠어요", "식사를 하거나 화장실외에는 거실로 나오지 않아요", "식사도 몇 번 불러야 하고 간식을 먹을 때는 나오지 않는 경우도 많고 가끔 얼굴이 벌그렇게 상기되어 있는 경우도 있어요"라고 말을 한다.

　공부를 하는 것 같지는 않고 확인하려고 하면 문을 꼭 잠그고 있으니 확인할 수도 없고 방문을 열려고 하거나 간식 등을 가지고 가면 짜증을 낸다며 답답해한다. 문제는 공부를 하지 않고 있다는 것만은 확실하다고 부모들이 생각하고 걱정한다는 것이다.

　아이는 방에서 무엇을 하고 있을까? 왜 답답한 방에서 꼼짝을 하지 않는 걸까?

　성적이 우수한 아이라면 공부에 집중하는 관계로 문제가 되지 않지

만 성적이 부진한 열등생이라면 문제가 될 수 있기 때문에 자세히 알아
보자.

원인은 무엇일까?

① 공부방을 피난처로 생각한다.

자신을 괴롭히는 것(얼굴만 마주치면 공부하라는 부모, 항상 꾸중만 하는
부모)으로부터 피하는 공간으로 생각한다.

② 공부방을 자기만의 성역으로 생각한다.

자신이 원하는 것을 생각하고 상상하는 등 누구의 침범도 받지 않
는 곳으로 생각한다.

③ 원하는 일을 숨어서 하는 공간으로 활용한다.

자신을 규제하고, 간섭하고, 통제하고, 지시하고, 억압하는 존재인
학교, 학원 선생님, 부모님의 손길로부터 벗어나 자유롭게 행동하
고 호흡을 하는 공간으로 생각하기 때문에 공부방에만 들어가면
모든 스트레스가 풀린다.

특히 성적에 문제가 있는 열등생이라면 더욱 심한데 만화책을 보거
나 S.F 소설을 탐독할 수도 있고 컴퓨터가 공부방에 있다면 하루 종일
게임, 채팅, 인터넷 등을 하면서 공부방에서 벗어나지 않는다.

① 진정한 편안함이 아니다.

자신이 스스로 찾고 구한 것이 아니며 공부한다는 미명아래 행동하는 것이기 때문이다.

② 스트레스가 오히려 가중된다.

언뜻 생각하면 하고 싶은 것을 하기 때문에 편할 것 같지만 언제 발각되어 경을 칠지 모른다는 생각에 살얼음을 걷는 듯해 더욱 스트레스가 가중될 수 있다. 방문 너머로 부모님이 눈을 부라리고 있어 언제 평화가 깨질지 모른다는 생각에 스트레스는 더욱 가중된다. 그로인해 자주 노크를 하거나 간식 등을 권하면 과도한 신경질과 짜증으로 일관하는 것이다.

일단 신경질과 짜증이 많다면 의심을 해야 하는 것은 아이가 힘든 공부를 참고 하고 있다면 식사시간, 간식은 구세주와 같게 생각하기 때문이다. 그러므로 엄마의 식사, 간식배려에 신경질과 짜증이 많다면 의심을 해야 하고 아래와 같이 관리한다.

관리 방법

① 공부는 거실에서 시킨다.

극상위권(95점 이상)은 공부를 게임처럼 생각하지만 열등생은 공부가 죽음과 같고 또한 스스로 공부할 능력이 없으므로 공부방에서

공부하기보다 확인이 가능한 거실에서 엄마와 같이 공부를 할 수
있게 한다.

② 공부방은 공부방처럼 꾸민다.

열등생에게 공부방은 잠자는 장소 외에는 큰 의미가 없으므로 컴
퓨터, 오디오, 게임기 등을 배치하지 않고 교과서, 문제집 등을 보
관하는 공간과 수면을 취하는 장소로 분류한다.

③ 공부시간과 휴식시간을 엄격하게 구분한다.

공부는 거실에서 휴식은 방에서라야 하며 공부가 끝나면 마음껏
휴식을 취할 수 있도록 일절 간섭을 하지 않는다.

④ 공부 잔소리, 꾸중을 최소화한다.

부모를 대하는 것만으로 공부 꾸중을 들을까봐 스트레스 받는 아
이! 꾸중보다 칭찬이나 인정하는 말을 더 많은 비중을 두고 애정을
표할 때 아이는 방에서 나오게 되고 가족과 대화를 즐기게 되고 나
아가 관계를 맺는 방법을 배우게 된다.

Chapter 05

아이를 이렇게 지도해 주세요

조기 교육이 왜
절대적으로 중요할까?

아동 전문학자들은 조기 교육의 중요성을 역설하면서 사람은 태어날 때 백지 상태에서 태어나는데 반해 거미, 곤충, 벌레, 물고기 등은 완벽한 생존 지식을 부모에게 물러 받아 태어나기 때문에 교육을 구체적으로 받지 않아도 생존에는 문제가 없다고 한다. 거미는 어미로부터 탯줄이 끊어지는 순간부터 스스로 거미줄을 치고 스스로 생존하며 어미의 보호가 필요 없는데 반해 인간은 판이하다.

백지상태로 태어나는 인간이기 때문에 초기 교육 특히 초등학교 입학 전 유치원 시절 교육이 인간의 삶에 결정적인 영향을 미친다고 한다. 인간의 최초 지식은 돌로 각인 되듯 한번 입력된 지식은 뇌리에 새겨져 좀처럼 지워지지 않으며 평생 변하지 않는다고 한다.

통계에 의하면 초등학교 입학 전 교육으로 만들어진 사고능력, 판단 기준, 행동습관, 고정관념 등을 대부분 고치지 못하며 평생 노력해도 고치는 것은 10%도 채 되지 않으며 90% 이상은 고치지 못하고 생을 마감한다고 한다. 수십 년이 지난 후에 만나도 예전 습관이나 행동, 생각이 변치 않은 것을 자주 접하게 되는 것도 그 때문이다.

우리 나라 교육은 구미 선진국에 비해 부족한 점이 많아 문제가 좀더 심각하다. 우리 교육은 유아시 아이가 버릇없이 굴거나 부정적인 행동(예의, 호칭, 편식, 지시 불이행 등)을 하면 대부분 어리니까라며 넘어가거나 따끔하게 교육을 할라치면 시댁, 친정 어른들이 말리거나 언짢아하며 "어리니까 그렇다. 너희들도 그렇게 컸어! 나이가 들면 철이들어 알아서 잘해! 애 기죽이지 마라, 너무 나무라지 마라" 또는 "모처럼 온 내가 그렇게 부담스러워 아이에게 화풀이를 하니"라며 꾸중을 하는 경우도 있다. 즉, 좀처럼 아이를 교정할 기회를 갖지 못한다는 것이다.

그에 비해 구미 선진국의 자녀 교육은 우리와 상반된 형태를 취하고 있다. 초등학교 입학 전 교육이 대단히 엄격하게 이루어지고 있는데 예컨대 파티에서 아이가 떼를 쓰거나 그릇된 행동을 하면 그 자리에서 야단을 치고, 길을 건널 때 빨간불에 건너려고 하면 생명에 관계되니 그 자리에서 볼기나 종아리를 친다고 한다. 즉, 아이가 자신의 잘못을 잊어버리기 전에 현장에서 체벌을 하는데 우리와는 달리 아무도 부정적으로 생각하지 않는다는 것이다.

※ 초등학교 입학 전 교육 비교 ※

내용	우리나라	구미 선진국	교육취지
배변처리	가능하면 배변 전에 교체한다.	배변 후 교체한다.	빨리 가릴수 있도록 불쾌함 유도
음식	울기 전에 모유, 이유식 등을 준다.	울 때까지 기다려 의사 전달 능력을 기른다.	의사 전달을 위해 배고픔을 유도
잠자리	가능한 함께 한다.	이유와 동시에 격리시킨다.	독립심 배양을 위해 조기격리
학습 습관	특별한 계획없이 즉흥적인 경우가 상당하다.	대부분 확실한 학습 계획을 세워 교육시킨다.	나이에 따른 학습을 실시
부정적 습관	손님이 가신 후 교육한다.	즉석에서 훈계 및 체벌 교육한다.	행위를 망각하지 않도록 즉석에서
그릇된 행동	구체적 설명없이 체벌하는 경우 많다.	문답식으로 설명을 한 후 이해가 되었을 때 체벌한다.	문제점을 파악하도록 교육 후 체벌
통제 시기	10세전 후 (성적이 문제될 때)	7세 이전 (8세부터 서서히 통제 비율을 줄인다.)	사춘기 전에 기본 교육 완성
사춘기	공부, 습관, 예의 등 간섭이 점점 많아지고 트러블은 극대화되기 시작한다.	기본 교육은 초등 학교 전 이미 익혔고 공부 습관, 예의 등은 생활화되어 기본적인 문제로 트러블은 발생하지 않는다.	스스로 체험해 시행착오도 겪고 반성도 하며 보완할 수 있게 해야함.
성인	지식이 필요한 시기에 배우려고 노력하게 되어 남보다 뒤쳐지게 된다.	사전에 필요한 지식을 배양하여 필요할 때 적재적소에 활용하여 남다른 능력을 가지게 되고 나아가 점점 깊은 지식을 쌓게 된다.	학습 시기의 중요성 확인

또한 중요한 조기 교육으로 지혜는 대학원이라는 최고봉에 있는 것이 아니라 유치원의 소꿉놀이 장난감 속에 있었다.

- 모든 것은 나누어 써라.
- 정정당당하게 행동하고 즐겁게 놀아라.
- 다른 사람을 괴롭히거나 때리지 마라.
- 사용한 물건은 네가 처음 가져온 곳에 갖다 놓아라.
- 네가 어지럽힌 곳은 네가 치워라.
- 네 것이 아닌 것은 주인에게 허락을 받기 전에는 만지지 마라.
- 남에게 상처를 주었거나 피해를 입혔으면 미안하다고 말해라.
- 음식을 먹기 전에는 꼭 손을 닦거나 깨끗이 씻어라.
- 화장실 물은 빠짐없이 꼭 내려야 한다.
- 집밖에 나가거든 신호를 지키고 자동차 조심을 하여라.
- 새로운 것이 있으면 호기심을 가지고 관찰하는 습관을 들여라.

▶ 본 자료는 로버트 풀검(Robert Fulghum) '내가 정말 배워야 할 모든 것을 유치원에서 배웠다.' 중에서 일부 발췌

기본 교육이 초등학교 입학 전에 이루어져 각인이 되어야 하는 것은 사회 생활의 기본으로 아이의 미래에 전개될 사안을 쉽게 처리하는 키로 작용할 수 있기 때문이다.

아이를 망치게 하는 지름길, 황제형 자녀?

황제형 자녀와 마마보이들이 점점 증가하고 있다. 아이를 황제처럼 받들어 키우는 부모들이 날로 증가하고 있으며 그 후유증 또한 상당해서 아이의 미래까지 지대한 영향을 미친다. 흔히 황제형 자녀라면 부모가 아이를 상전처럼, 왕처럼 나아가 왕보다 더 상위인 황제, 제왕처럼 키운다는 말을 뜻한다. 세상의 그 무엇보다도 소중하고 사랑스러운 아이에게 무한한 사랑을 베푸는 것은 지극히 당연하다. 남보다 내 자식을 더 잘 해주고 싶은 것과 기를 죽이고 싶지 않는 것이 부모의 한결같은 마음이다.

하지만 부모의 지나친 배려가 자녀의 미래에 결정적인 화를 자초하는데 문제의 심각성이 있다. 대통령 비서실장, 대기업 회장 비서실에서 근무하는 사람은 모시는 분의 성향을 정확히 관찰하고 파악하고 대처하는 능력이 있어야 한다. 모시는 분이 지시하는 것을 이행하는 것만으로는 부족하며 수족이 된다는 것은 오너의 상태를 미리 파악하고 지시하기 전에 매사(식사, 업무조언, 업무 파악 자료, 컨디션에 따른 행위 등)를 사전에 알아서 해 줄 때 유능하다는 평을 듣게 된다. 어쩌면 오너 자신보다 비서가 더 잘 알고 있어야 한다는 것으로 해석할 수도 있다.

수족과 같은 유능한 비서가 있을 때 장점도 있지만 단점도 만만치 않다. 자신의 생각과 판단을 비서가 담당하게 되어 사고와 판단력이 점점 퇴색될 수 있는데 정치에 실패하는 분들의 다수가 그에 속하기도 한다. 아이의 경우는 어떨까?

성숙한 성인으로서의 탁월한 능력과 확고한 인생관을 가진 지도자도 비서가 황제처럼 모시면 문제가 되는데 두뇌가 백지 상태의 미성숙한 아이가 요구하기도 전에 부모가 배려하면 미래를 위한 기본 교육을 배워야할 소중한 시기를 놓치게 되어 아이는 욕구, 불편함, 울음에 의한 요구, 불만, 불평 등 의사소통을 할 기회를 놓치게 되고 식물 인간처럼 변하게 된다.

"어려서 고생은 사서 한다"는 말이 의미심장한 말인 이유가 여기에 있다. 아이를 황제처럼 미리 알아서 해주거나 요구하는 대로 들어준다면 아이가 성인이 되어도 예전의 편안한 습관을 버리지 못해 경쟁에서 패할 가능성이 많아 평생 황제처럼 받들듯이 하면서 생활비는 물론 아이의 삶에 필요한 전부를 부모가 생을 마감하는 순간까지 담당해야 할지도 모른다. 그리고 최악으로 후일 아이가 부모가 자신을 잘못 기른 탓이라는 것을 알게 되면 급기야 평생 원망을 하면서 아이의 생을 마감할 수도 있다.

아이가 남과의 경쟁에서 승리하는 것을 원한다면, 주위에 해를 끼치지 않는 평범하고도 이상적인 삶을 살기를 원한다면 부모는 아이에게 과도한 사랑의 탯줄을 자르고 30cm떨어져야 한다. 한마디로 가능하면 도움을 배제하고 스스로 판단해서 결정하고 실천하며 그에 대한 성과는 아이가 책임지고 해결할 때 시행 착오도 줄일 수 있고 능력은 향상된다. 이를 위해서는 부족하고, 힘들고, 스트레스받는 상황을 인위적으로도 연출(과제물, 악천후 등교, 자가용 금지, 편식, 남에 대한 배려 등)할 수 있어야 한다.

꾀보와 요령꾼으로 만드는 모원병?

　　모원병이란 말을 아는 사람은 흔치 않다. 사전에서는 모원병(母原病)을 어머니가 원인이 되어 태아가 어머니 배 속에서 걸린 병이라고 규정하고 있다. 그러나 필자가 거론하고자 하는 모원병은 후천적으로 어머니가 원인이 되어 발생하는 정신병의 일종이다.

　　부모는 사랑하는 이이가 남보다 월등한 능력을 가질 수 있도록 교육하려고 노력하면서 최선을 다한다. 여기에서 모원병을 거론하는 것은 아이를 바르게 교육하는데 모원병이 차지하는 비중이 상당하기 때문인데 모원병이 심하면 아이의 미래에 치명적으로 작용된다.

　　모원병에 걸리면 아이는 무기력해지고, 어렵거나 스트레스 받는 일을 회피하며, 자신의 일을 남에게 미루거나 대신하기를 바라는 등 무책임한 아이로 성장하게 된다. 특히 경제력이 풍부한 가정이나 나라에서 보면 의식주가 해결되는 풍요로운 시기에 주로 발생한다는 특징이 있다.

　　모원병은 1965년도 일본에서 발생하였고, 우리나라는 1980년도를 전·후로부터 급속히 전파되기 시작하였고, 중국은 2000년 전·후부터 시작되었다고 한다. 모원병은 마음으로 인해 발생하는 병으로 규정하는데 직접 전염될 확률은 없다고 하며 습관병이라고 한다.

　　모원병의 또 하나의 특징은 머리가 우수한 아이들에게 주로 발생하는데 복통과 두통을 호소한다고 한다.

　　증세로는 스트레스가 많으면 복통과 두통을 호소하고 심하면 구토를 하거나 두통이 나고 머리에 미열이 발생한다. 그리고 스트레스가 사라지면 순식간에 두통과 복통이 사라진다.

　　초등학교 입학 전 아이가 싫어하는 일, 예를 들어 유치원 등원, 과제물 이행, 병원치료, 심부름, 걷기 싫을 때, 싫어하는 음식을 먹어야 할 때, 하기 싫은 일을 강제로 시킬 때 아이는 부모의 지시를 어길 수 없어 진퇴양난에 빠진다.

　　거부할 수도 없고, 그렇다고 시키는 대로 하려니 짜증나고 화나고 답답해 할 때, 어느 순간 먹기 싫은 음식을 먹어야 할 때 부모가 독촉하면 결정적인 한마디를 던진다. ‘엄마 나 배 아파!’ 라고 하면 부모는 어떻게 반응할까?

　　아마 다들 비슷하게 행동할 것이다.

모원병의 문제점

① 정신연령이 낮아진다.
② 체험할 기회를 놓치게 된다.

③ 매사를 의존하려고 한다.

모원병이 심해지면 무기력해지고 자신 있게 할 수 있는 일이 적고 회
피하려는 경향이 강해지고 성인이 되어서도 큰 영향을 받는다는데 문제
의 심각성이 있다.

Good

싫어하는 음식을 강제로 먹이려는 부모와 아이의 대화

엄마　우진아 편식하지 말고 김치도 먹어!

우진　나 김치 싫어하는데.

엄마　싫어해도 먹어봐! 먹다보면 괜찮아져.

우진　(지난번 김치 먹다가 토할뻔 했던 기억이 되살아 나서 몸서리를 치며) 싫단
　　　말이야!

엄마　너 먹지 않으면 혼나! 엄마도 맛있게 먹잖아 그러니까 너도 먹어봐!
　　　우리 우진이 착하지. (라며 달랜다.)

우진　싫어 안 먹을래!

엄마　(아이들을 망치는 부정적인 대사) 우진이가 김치 먹으면 네가 원하는
　　　○○ 사줄께!

그래도 거부하면 포기하거나 때린다.

우진　(위기를 느낀 우진이는 자신도 모르게) 엄마! 배 아파!

엄마　왜 갑자기 배가 아프다는 거야?

우진　모르겠어요, 정말 배가 아파요.

엄마　그래! 알았어 나중에 먹어, 안 먹어도 돼!

아이의 기분은 어떨까? 배가 진짜로 아팠는지, 안아팠는지 모르지만 어째든 아이의 입장에서는 해결된 것이나 다름없다. 동일한 상황(먹기 싫은 것을 먹어야 할 때)이 전개되면 다시 한번 "엄마 나 배아파!"를 외쳐서 위기를 모면하면 우진이는 엄마를 이길 수 있는 강력한 무기를 장착하게 된 것이나 다름없고 엄마는 100전 100패의 나락으로 빠지며 그로인해 아이는 편식을 일삼게 되어 건강도 해치게 된다.

또한 음식 뿐아니라 아이가 하기 싫은 유치원 등원, 과제물 이행, 병원 치료, 심부름, 걷기 싫을 때는 두통이 있다거나, 다리의 통증을 호소하게 된다. 즉, 자신을 보호하는 강력한 보호막 구실을 하는데 소위 꾀병이라고 하며 머리가 비상할수록 자주 활용하며 심한 경우 실제로 머리가 아프고 복통이 나타나는 등 증세를 보이기 때문에 모원병이라고 하는데 근래는 아버지가 가세하는 경우가 많아 부원병이라고도 한다.

문제는 위의 증상이 심하면 나이에 따른 교육을 하지 못하는 결과가 되어 성장에 심각한 결과를 초래한다. 이와 같은 일들은 대부분의 부모님이 아이의 요구를 무조건 수용하는데서 문제가 발생한다. 그렇기 때문에 아이가 아프다고 꾀병을 부릴 때는 예외 없이 병원에 데려가서 주치의와 상의해 영양제 등 공포스러울 정도로 큰 주사를 맞게 하는게 좋다. 한번만 경험해도 꾀병을 부릴 엄두를 내지 않으며 반복할 때마다 병원을 찾으면 머지않아 모원병은 싹 가신다.

영악한 아이들은 현재의 편안함만을 생각하며 부모의 사랑과 정을 이용하는데 능수능란하다. 정상적인 자녀로 키우려면 자녀의 생각과 행동을 파악하고 대처할 수 있어야 한다.

인내심이 성적을
좌우하는 것은 아니다?

상담 중 가장 많이 인용하는 용어중 하나로 인내심을 꼽을 수 있는데 "우리 아이는 인내심이 너무 없어요", "누구를 닮았는지 모르겠어요. 제대로 하는 게 하나도 없어요", "인내심이 너무 약해요. 항상 말만 앞서고 도중에 너무 쉽게 포기해요"

인내심(忍耐心)을 사전에서 찾아보면 '괴로움이나 어려움을 참고 견디는 마음'이라고 정의되어 있다.

대부분의 부모는 공부에만 인내심을 적용시켜 판단의 기준으로 삼아 우등생은 인내심이 많고 열등생은 인내심이 적다고 생각해 문제를 만든다. 그래서 열등생을 선천적인 문제아로 단정짓고 가능성의 싹을 잘라 버리는 경우도 상당하다. 인내심의 여부는 싫어하는 것을 제시해 괴로움이나 어려움을 참고 견디는 마음 정도를 측정해야 적합하다고 하겠다.

① 극단적인 예 1.

게임이 공부가 된 우진이와 공부가 게임이 된 현진이에게 게임 오래하기 인내심 테스트를 하면 누가 이길까? 우월을 가리기 어려울 것이며 무승부로 끝날 가능성이 많지 않을까?

② 극단적인 예 2.

우진이가 싫어하는 공부를 시키고, 현진이가 싫어하고 잘못하는 최신 게임을 시켰을 때 인내심을 테스트 해보면 어떤 결과가 나올까?

즉, 인내심 측정은 당사자가 잘못하고 싫어하는 것을 참는 능력을 의미하기 때문에 진정한 의미로는 학습 시간 인내심을 적용시키는 것은 무리가 있다고 할 수 있다. 그러므로 누구나 좋아하는 것을 할 때는 집중하는 시간이 많고 싫어하는 분야는 집중하는 시간이 짧다. 그래서 아이가 인내심이 없어 틀렸다며 아이를 탓하기보다 우리 아이도 선천적으로 타고난 인내심에는 문제가 없으므로 가능성은 충분하다고 생각을 해야 한다.

다만 공부를 게임처럼 즐겁게 할 수 있는 상태가 아니기 때문에 문제가 될 뿐이다. 공부를 게임처럼 생각하고 인내심을 최대한 발휘하게 하려면 1차 이해력을 고쳐시켜 성취감을 느끼게 하면서 성적 향상을 육안으로 확인하면서 나아가 상위권으로 진입할 때 공부를 게임으로 생각하게 되면서 극상위권으로 진입하게 된다.

문제는 학습 내용을 이해하지 못해 공부를 기피하는 하위권에서 공부가 즐거워지기 시작하는 중상위권에 도달하기 까지가 문제가 된다. 지역에 따라 차이는 있으나 80점대에서 90점대 진입까지는 인내심이 절대적으로 필요하고 95점대에 진입하면 공부가 게임으로 변해 인내심을 발휘하지 않아도 집중을 할 수 있게 된다.

대부분 공부는 평생을 인내하며 하는 것으로 생각하는데 공부를 게임으로 생각하게 하는 시기까지만 인내심이 필요하다는 것이다. 아이의 미래는 10점 차이에 따라 전문가로 풍족한 삶을 영위할 수 있는지를 가늠하는 기준이 될 수 있다는 것이다. 필자가 인내심을 강조하는 것도 현재는 성적이지만 미래는 아이가 사회 생활에서의 성공과 실패가 남다른 위치에 오를 때까지 하기 싫은 업무를 참고 인내하느냐 그렇지 못하느냐로 결정되기 때문이다.

아이의 사회 생활은 자신이 하고 싶은 것보다 하기 싫은 것을 참고 견뎌낼 때 성공할 수 있고 정글에서 생존할 수 있기 때문이다. 결론적으로 아이에게 인내심을 길러주려면 좋아하는 것보다 싫어하는 것을 참고, 이행하는 습관을 길러 주는 것이 선행되어야 한다.

예컨대 일과표 실천하기, 공휴일 약점과목 학습, 국토종단 행군, 해병대 캠프, 등산하기 등 고난과 역경 그리고 괴로움을 이겨내는 힘을 평소에 기르도록 노력해야 한다.

십수년전 명문대를 입학한 학생이 「공부가 제일 쉬웠어요」란 저서에서 막노동 등을 전전하면서 공부를 틈틈이 하여 최고 명문대에 합격했는데 지금까지 한 일 중 공부가 제일 쉬웠던 이유는 시원하고 쾌적한 상태에서 공부를 하지만 막노동은 공부 고통에 비할바가 아니라는 것이다.

공부가 힘들다는 아이들에게 공부보다 더 힘든 고통을 겪게 할 때 공부보다 더 어려운 것이 있다는 것을 알게 되면서 공부에 대한 고통을 덜게 된다. 그러므로 아이를 공부 고통에서 벗어나게 하려면 더 큰 육체적, 정신적 고통을 잠시 동안 체험하게 하는 것도 긍정적인 성과를 나타낸다.

시험 결과로 꾸짖는 부모는 자격 미달이다

시험 결과는 대상에 따라 스트레스가 될 수 있고 노력에 대한 보상으로 작용하기도 한다. 결과에는 반드시 과정이 따르기 마련인데 시험 결과에 어떻게 대처하느냐에 따라 다음 시험 결과가 결정된다는 것을 아는 부모들이 많지 않다.

아이들을 대상으로 한 설문 조사에 따르면 부모가 공부 잔소리를 하면 "진정으로 반성한다", "짜증부터 난다", "잔소리가 듣기 싫어 좋아하는 가수, 영화배우, 게임 등을 생각하거나 마음속으로 노래를 부르기도 하며 애써 안들으려고 한다"라는 대답이 주류를 이루었다. 부모의 고문은 "알았어요, 열심히 할게요. 다음 시험에 성적을 올릴게요"라고 해야 잔소리가 끝난다고 한다. 또는 부모의 꾸중은 예측할 수 있다고 하는데 매일 똑같은 용어, 방법, 협박 등이 똑같아 짜증이 난다는 대답이 대부분을 차지했다.

내가 잘못한 내용에 따라 꾸짖는다는 부모는 5%에도 미치지 못했다.

그리고 다음 번 시험에 대한 공부 방법을 구체적으로 제시한 부모는 1%
정도에 불과했다.

- 시험 결과는 과정에 대한 결과이다.
- 시험 결과가 100% 맞는 것은 아니다.
- 시험 결과는 꾸중을 위한 자료가 아니다.
- 시험 결과는 해결을 위한 실마리이다.
- 시험 결과는 성적 향상을 위한 이정표다.
- 부정적인 시험 결과는 다음 번 시험 성적의 향상을 위한 긍정의 신호다.
- 시험 결과는 현재를 벗어나기 위한 도약대다.

상당수의 부모들은 시험은 지난 과정을 파악하고 다음 과정을 준비하는 과정임에도 불구하고 현재의 결과에만 치우치는 경향이 많다. 시험 결과(성적표)는 건강의 이상 유무를 파악하는 종합 진단서와 같으므로 건강에 이상이 있는 부분을 치료하기 위한 계획을 수립하고 본격적인 치료를 시작해야 한다. 너무 시험 결과만 탓하고 치료에는 신경을 쓰지 않으면 결코 나아질 수 없다.

대안 찾기

틀린 문제를 파악하고 그에 대한 보충 프로그램을 진행하지 않으면 1년 후 다시 출제되는 시험 결과도 문제가 된다는 사실을 꼭 염두에 두어야 한다. 하지만 대부분 다음 시험 준비에 몰두하면서 어렵게 도출한 오답(진단 결과)은 내팽겨쳐 버리는데 치료를 위한 명약 백신을 힘들게 만들어 놓고 폐기 처분하는 것과 다를 바 없다.

시험은 개선을 위한 과정으로 오답을 이해시키지 않으면 시험의 의미가 없어지는데 시험은 문제점을 파악하고 대처하기 위한 과정이기 때문이다.

열등생 부모와 우등생 부모의 아이 지도 과정을 비교해 보자

Good

아이가 빈둥거릴 때의 우등생 부모

엄마　5분 후에 뭐 할 시간이니?

우진　수학 공부 할 시간이에요.

엄마　무엇을 해야 하는지 알고 있어?

우진　네! 문제집 29페이지 6, 11, 24번 문제를 풀어야 해요.

엄마　어떻게?

우진　식까지 다 적어서 엄마에게 보여 줘야 해요.

엄마　왜 풀어야 하는데?

우진　지난번 시험에서 틀렸기 때문이에요.

엄마　그래! 지난번에 틀린 이유는 실수라기보다 기초가 부족해서인데 엄마가 풀라고 한 문제만 확실히 이해하면 기초 보충이 될 수 있어! 그래서 풀라고 한거야 알았니?

엄마   이제 그만놀고 공부해!

우진   알았어요.

엄마   왜 대답만 하고 공부 안하는 거야?

우진   숙제가 없어서 공부할 것이 없어요.

엄마   숙제만 공부야. 공부할게 얼마나 많은데.

우진   어떤 공부해요?

엄마   네 공부니까 네가 알아서해! 엄마가 공부를 뭘 해야 하는지까지
        알려주어야 해? 지가 알아서 해야지. 그러니 공부를 못하지!

우진   에이! 숙제 다했는데 (엄마의 호통에 알았어요라며 아무 책이나 꺼내 책
        을 펴다, 그리고 다른 생각을 한다.)

엄마   이번 시험 결과가 좋지 않네! 난이도가 높았어?

우진   제가 기초가 약한 부분과 실수가 좀 있었어요.

엄마   지난번에 신경을 써야 했는데 우리가 소홀했다. 지난번에 문제없다
        고 하더니 제대로 보충이 안 되었구나!

우진   엄마 죄송해요.

엄마   아니야. 엄마 책임도 있어. 그때 같이 확인했어야 했는데…

우진   과외를 따로 받아야겠어요.

엄마   그렇게라도 해야겠다.

우진   과외 선생님 엄마가 알아보실래요.

> **엄마** 아냐. 네가 공부할 거니까 네가 알아보고 필요하면 엄마도 알아볼게.

시험 결과가 좋지 않을 때의 열등생 부모

엄마 시험 점수가 이게 뭐니! 완전 꼴찌야.

우진 이번 시험이 어려웠단 말이에요

엄마 뭐 잘했다고 꼬박꼬박 말대꾸야! 너 이제 어떡할거야!

우진 뭘요?

엄마 뭘요라니! 이번 시험 결과 어떻게 할거냐구. 공부하라고 했을 때 너 뭐라고 했어? 알아서 할거니까 걱정말라고 했지!

우진 우리 반 애들도 많이 틀렸는데....

엄마 그래도 말대꾸야! 너 아빠한테 혼내주라고 할거야!

우진 엄마를 원망스럽게 주시한다.

아이들에게 시험결과에 대한 부모님의 반응도 조사에 의하면 아이들은 "우리 엄마는 항상 똑같은 방법으로 꾸중하는데 토씨하나 틀리지 않아요" 혹은 "10분만 혼나면 되요"라고 말한다.

우등생 부모는 아이의 성적 부진이 자신의 잘못으로 생각하는 반면 열등생 부모는 아이 탓으로 전가하며 원망한다. 시험 결과로 꾸짖고 결과에 대한 대안을 제시하지 않는 부모는 다음 시험 결과도 변화시키지 못한다.

부모 말을 잘 들으면 성공 할까?

일반적으로 부모들은 다음과 같은 두 가지 유형으로 아이를 평가한다.

말썽꾸러기	모범생
• 우리 아이는 말을 듣지 않아 미치겠어요. • 거꾸로만 하려고 해요. • 고집 불통이에요. • 누구를 닮았는지 모르겠어요.	• 우리 아이는 착해요. • 내가 시키는 대로만 하구요. • 말썽한번 부린적 없어요. • 말도 얼마나 잘 듣는다구요. • 우리 아이는 버릴게 하나도 없는 아이에요. • 내 자식이지만 정말 기특해요.

시키는 대로만 하는 착하고 모범생인 아이, 말썽꾸러기에 청개구리 같은 아이!

누가 더 좋은 아이일까? 누가 훌륭한 삶을 영위할 가능성이 많을까? 대부분 모범생을 원하며 훌륭한 삶을 살아갈 유형으로 지목할 가능성이 압도적으로 많을 것이다. 과연 그럴까?

개성보다는 성실함과 부지런함이 필요한 사회인 농경 사회에서는 모범생 유형이 유리할 수 있다. 그러나 개성과 아이디어와 모험심과 독창성이 필요하고, 은근과 끈기 그리고 AQ가 절대적으로 필요한 즉, 역경 지수가 절대적으로 필요한 삶의 환경 속에서의 성공 요소는 모범생이 아닐 수 있지 않을까?

부모가 모범생이라고 생각하는 것은 부모의 지시에 순응하고 부모의 뜻에 어긋나지 않는 행동을 의미하는 것으로 그것은 부모가 원하는 대로 행동하는 것을 의미한다. 부모가 원하는 대로 행동하고 생각하고 결정하고 실행할 때 아이의 미래가 보장될까? 부모의 생각과 판단이 수십 년 후 독자적 삶을 영위할 아이에게 결정적인 도움이 될수 있을까? 전문가들조차 5년 후도 예측하는데 어려움을 토로하는데 수십년 전 마인드로 아이를 지도한다면 다시 한번 곰곰이 생각해 보아야 하지 않을까?

최근 교육은 답을 내는 방법에 중점을 두는 교육 방법보다 답을 도출하는 과정에 중점을 두는 교육으로 변하고 있다. 아이가 부모의 말씀에 무조건 순종하기보다 의문을 제기하고 다른 답이나 방법이 있는지 생각해 보는 것이 바람직하다. 부모의 지시에 의문도 가지고 자신의 주장을 펼쳐 보이고, 평가도 받고, 시행 착오도 하고, 실수도 해 보는 등 다양한 경험을 겪을 필요가 있다. 부모의 지시에 순종으로 일관하는 것은 개성도, 의사도, 주관도, 판단력도. 사고도 없다는 것을 의미할 수 있으며 있으면서도 순응하는 척 한다면 더욱 문제가 될 수 있다.

부모에게 순종적으로 일관하는 것으로 이어진다면 지도하는 입장에서서 통제하기보다 남에게 통제받는 삶을 영위할 가능성이 많다. 아이에게 무조건 순응하기를 강조하기보다는 주장, 고집, 설득, 납득, 갈등 등이 함께 하는 환경에서 성장할 수 있도록 하고 최종적인 판단은 아이

에게 하게하고 그에 대한 책임을 지게 해야 사고력, 판단력, 대처 능력이
길러지고 시행착오를 줄일 수 있으며 독립심이 키워진다.

　현재는 미래를 위한 역경을 이기는 예행 연습을 하는 과정이기 때문
이다. 고집 불통이며 멋대로인 아이가 문제아라고 느낄수 있으나 순종
으로 일관하는 아이! 모범생은 미래를 위해서는 바람직하지 않을 가능
성이 더 많다. 말썽꾸러기 아이를 둔 부모가 후일 훌륭한 아이를 둔 부모
가 될 가능성이 더 많다.

현재의 아이는 부모 자신의 작품이다

"넌 누굴 닮았니?", "넌 왜 그 모양이야?", "도대체 잘하는 것이 하나도 없어! 속썩이는데는 선수야!", "공부 좀 잘하는 것을 봤으면 소원이 없겠다", "넌 재주도 좋아 어떻게 그런 점수를 받을 수 있어? 공부를 하나도 안하고 봐도 그보다는 잘보겠다", "넌 우리 집안의 수치야! 너 때문에 창피해서 얼굴을 들고 다닐 수가 없어!"

아이로 인해 받는 스트레스를 견디지 못해서 결국은 위와 같은 극단적인 말들도 서슴치 않는다. 아이의 문제가 아이에게만 책임이 있을까? 부모에게는 책임이 전혀 없는 것일까? 처음부터 정상적인 교육을 시켰는지 생각해 보아야 하지 않을까? 성공한 사람은 성공을 위해 힘든 길을 선택하고 지금까지 피나는 노력의 결과라고 할 수 있다. 즉, 현재의 결과는 지나온 과정의 결과라고 할 수 있다. 현재의 모습이 불만이며 개선할 점이 많다면 과거 생활이 그만큼 문제 투성이였다고 할 수 있는데 부모에게 무한대 책임이 있다고 할 수 있다.

아이를 훌륭하게 키우기 위해서는 부모 스스로 교육 전문가가 되어야 하고, 자녀를 교육할 줄 알아야 하며, 자녀의 교육 상태를 파악할 수 있어야 한다. 그리고 냉정하게 평가하고 아이를 재교육시킬 수 있어야 하며, 잘한 것은 아이가 열심히 했다고 생각하고 문제가 있는 것은 자신이 지도를 잘못 했다고 생각하여 반성하고, 새로운 방법을 찾아 지도할 수 있어야 한다. 아이를 탓하기 전에 아이 교육에 어떤 문제가 있는지 파악하고 개선을 위한 노력이 필요하다.

왜 잘못일까?

아이에게 "넌 누굴 닮았니?"라고 묻는다면 부모를 닮았다고 할 것이고 "넌 왜 그 모양이야? 도대체 잘하는 것이 없어"라고 한다면 부모가 잘할 수 있도록 기회 또는 교육을 하지 않았기 때문이다. "속 썩이는데는 선수야"라고 꾸중은 하면서 방법을 제시하지 않으면 더욱 더 속을 썩일 것이 분명하다.

또한 "공부 좀 잘하는 것을 봤으면 소원이 없겠다"라고 한탄한다면 공부를 잘 할 수 있는 환경과 공부 방법을 지도하지 않은 부모의 잘못이 더 크며, "넌 재주도 좋아. 어떻게 그런 점수를 받을 수 있어"라고 비웃는다면 아이도 머지않아 부모의 그릇된 부분을 보면서 우리 부모님 재주도 좋다고(잘나가는 친구 부모와 비교하면서) 비웃을 수 밖에 없을 것이다.

"공부를 하나도 안하고 시험봐도 그보다는 낫겠다"라고 꾸짖는다면 아이는 아예 공부를 포기하고 공부와는 담을 쌓아 더욱 엉망이 될지도 모른다. 또는 "넌 우리 집안의 수치야! 너 때문에 창피해서 얼굴을 들 수가 없어"라고 꾸짖는다면 사람들을 슬슬 피해 다니며 눈치를 보며 사회 능력마저도 떨어질지도 모른다.

“뭐 하나라도 잘하는 것이 있으면 말해봐!”라고 추궁한다면 “엄마는 친구들 엄마보다 잘 하는 것 있으면 말해봐!”라고 중얼거리며 오히려 더 삐뚤어질지도 모른다. “동작은 또 왜 이리 느린지 느림보가 너의 조상인 가봐!”라고 꾸짖으면 부모님 동작도 느린데 뭐 부모님 닮았지라고 생각할 것이다.

아이로 인해 받는 스트레스를 견디지 못해 아무말이나 하게되면 순간적으로는 답답함을 해소할 수 있을지 모르지만 결국은 누워서 침 뱉는 것과 크게 다르지 않다. 아이에게 불만이 있다면 아이 탓을 하기 전에 부모인 나에게 문제가 있지 않았나를 생각하고 원인 파악에 주력해야 한다. 아이의 현재 행동은 부모의 지난 과정이기 때문이다.

전교 1등인 아이와 내 자식을 비교했을 때 성장 과정이 같았을까? 하루 일과가 같을까? 문제점에 대한 해결 방법에는 차이가 없을까? 부모님 학창시절이 자녀와 어떤 차이가 날까? 아이와 커뮤니케이션은 어떤가!

위의 사안만 정확히 파악해도 원인을 정확하게 파악할 수 있고 확실한 대안을 만들기 위해 노력을 하게 되어 머지않아 문제가 해결될 것이다.

Chapter 06

설문조사를 통해 아이의 심리를 파악하자

아래의 자료는 2008년 저자가 전국학원에 수강중인
초·중생 1,000명을 대상으로 설문 조사를 한 자료를 게재한 것이다.

대상 : 초 3~6학년 (남 250명, 여 250명)

중학생 (남 250명, 여 250명)

(1) 가장 하고 싶은 것 1가지만 쓰세요.

순위	설문내용	%	순위	설문내용	%
1	실컷 질리도록 놀기	18.4	14	놀이동산 가기	1.3
2	공부 잘하는 것	17.4	15	휴식	1.1
3	컴퓨터 게임하기	15.2	16	소설책 읽기	1
4	여행 떠나기	10.3	17	1초도 공부안하고 놀고 싶다	0.9
5	운동하기	6.5	18	악기를 배우고 싶다	0.8
6	꿈 이루기	4.6	19	영원히 자고 싶다	0.7
7	옷, 신발 마음껏 사기	3		부모님께 효도하고 싶다	0.7
8	아무생각 없이 푹 자기	2.8	20	하루 종일 TV 보고 싶다	0.6
9	콘서트에 가기	2.1		요리를 배우고 싶다	0.6
10	내 마음대로 하기	1.9		이성 교재를 하고 싶다	0.6
11	대학 시험 합격	1.7	21	키가 많이 컸으면 좋겠다	0.5
12	비싼 음식 먹기	1.6		빨리 어른이 되서 내 마음대로 하고 싶다	0.5
13	엄마 신경 안쓰고 마음껏 놀기	1.5	22	노래방에서 스트레스 풀기	0.4
	돈을 많이 벌고 싶다	1.5	23	컴퓨터를 배우고 싶다	0.3
	복권 당첨 되어 돈 실컷 쓰기	1.5			

쓴소리

1번 질리도록 놀기와 2번 공부 잘하는 것이 상반되지만 비슷하게 갈망하고 있다. 아이들의 이중성을 볼 수 있다고 생각할 수도 있으나 한편으로는 성숙의 과정을 향하고 있음을 알 수 있다. 푹 자고 싶고, 내 마음대로 하고 싶고, 1초도 공부안하고 놀고 싶고, 영원히 자고 싶다는 것을 갈망하는 아이도 있다.
보호자인 우리는 아이들에게 어떤 존재이며, 아이들의 고통이 무엇인지 진지하게 바라볼 필요가 있는데 수년전 서울시에서 의뢰 실시한 학생들의 설문서 중 자살 충동을 느낀 학생이 70%를 상회한다는 통계가 이를 말해 주고 있다.

(2) 가장 하기 싫은 것 1가지만 쓰세요.

순위	설문내용	%	순위	설문내용	%
1	공부하기	41.4	10	노력한 만큼 점수가 안나올 때	1.1
2	시험 보기	19.6		글 쓰는 것	1.1
3	컴퓨터 하는 시간 줄이기	9.4	11	운동하기	1
4	싫은 것 억지로 하기	5.5	12	체벌	0.9
5	아무것도 안하고 가만히 있기	4.6	13	심부름하기	0.8
6	잠자기	1.9		외국어 배우기	0.8
7	막노동	1.7	14	설겆이 하기	0.7
8	성적 떨어지는 것	1.5	15	살빼기	0.6
9	자기 주도 학습하기	1.4		애완동물 기르기	0.6
	아침 일찍 일어나기	1.4		비오는 날 외출	0.6
	수행평가 치르기	1.4	16	학원 가기	0.5
10	책읽기	1.1	17	방 청소하기	0.4

쓴소리

예상대로 공부에 관한 것을 가장 싫어했지만 성적이 떨어지는 것과 노력한 만큼 성적이 나오지 않을 때 속상해 했다. 그것은 공부는 싫지만 현실적으로 분리될 수 없고 누구나 좋은 성적을 원하고 있다는 사실을 파악할 수 있다.
또한 자신만을 위하는 극단적인 성향(심부름 안하기, 방청소, 설거지 거부 등)을 볼 수 있는데 가정 교육의 문제점도 엿볼 수 있다. 평소 자신의 주변 정리, 책임감 등 가정 교육에 비중을 두지 않고 공부에 초점을 맞추는 것이 아쉬운 부분이다.

(3) 가장 듣기 좋은 말 1가지를 쓰세요.

순위	설문내용	%	순위	설문내용	%
1	칭찬 (참, 잘했다)	36.1	14	이게 다 너를 위한 거야	1
2	이제 하고 싶은 것 해라	15.9	15	공부는 태도가 중요해	0.9
3	이리와 용돈 줄께	12.7	16	키 많이 컸네	0.8
4	착한 우리 아들, 딸	4.5		사랑해	0.5
5	시험 잘 봤다	4.4	17	우리 딸 이쁘네	0.5
6	열심히 해라	4.2		이제 그만자라	0.5
7	자랑스럽다	2.3		우리 딸 (아들) 밖에 없어	0.4
8	널 믿는다	2		오늘 수고했다	0.4
	이제 놀아라	2	18	넌 기억력 정말 좋다	0.4
9	앞으로 잘해라	1.8		오늘 운동 안가니	0.4
	공부 쉬엄쉬엄해라	1.8		공부 열심히 하고 와	0.4
10	공부가 다는 아니다	1.6	19	옷사러 가자	0.3
11	뭐 사줄까? 원하는 것 말만 해	1.4		요리 가르쳐 줄께	0.3
12	시험 잘 봤을 때, 시험 잘 봤어	1.2	20	밥 먹어라	0.2
13	컴퓨터 (게임) 해	1.1			

쓴소리

가장 좋아하고, 듣고 싶은 말이 칭찬, 착한 우리 딸, 자랑스럽다 등 과반수에 가까울 만큼 원하고 있다는 것은 부모들에게 문제가 있다고 본다.

부모의 사소한 말 한마디가 비수처럼 아이들에게 상처를 내고 나아가 절망에 이르기까지 한다는 현실을 안다면 상황은 상당히 바뀌지 않을까?

달리는 말에 채찍질도 좋지만 달릴 수 있는 말이 게으름을 피우고 있을 때 효과가 있을 것이다. "사랑하는 아이가 게으름을 피우고 있는지 달릴 수 없는 상태에 있는지 부모님은 정확히 파악하고 있습니까?" 라고 질문해 보고 싶다.

(4) 가장 듣기 싫은 말 1가지를 쓰세요.

순위	설문내용	%	순위	설문내용	%
1	잔소리 (공부해라, 넌 왜그러니)	45.4	12	공부하는 꼴을 못봤어	1
2	남과 비교 할 때	16.2	13	넌 뭐 하나 제대로 하는게 없니	0.9
3	컴퓨터 꺼라	11.2		너 그래서 고등학교나 가겠니	0.8
4	욕 (이 새끼가 등)	2.3	14	니가 지금 그럴 때야	0.8
5	실망했다 (너한테 기대한 내가 바보지, 네가 하는 일이 그렇지, 그럴 줄 알았어)	2.1		나도 이제 모르겠다	0.8
6	잠 좀 자라	2	15	청소 좀 해라	0.7
	명령 (시키면 시키는 대로해 등)	2	16	그냥 실업고나 가라	0.6
7	성적표 가져와	1.9		밥 먹어라	0.5
8	너 점수보고 그 딴말 나와	1.5	17	때린다 (협박)	0.5
9	게임, 장난 그만 좀 해라	1.3		하기 싫은 심부름하라고 할 때	0.5
10	동생처럼 철 좀 들어라, 어떻게 동생보다 못하니	1.2		학교나 빨리 가	0.4
11	너 이제 용돈 없어	1.1	18	동생하고 놀아줘라	0.4
	넌 우리집 꼴통이야	1.1		공부 벌써 다 끝냈니	0.4
12	하기싫은거 하라고 보챌 때	1		나의 콤플렉스 지적할 때	0.2
	살쪘네	1	19	나에게는 TV 보지 말라면서 부모님은 볼 때 (부모님은 보면서 왜 우리는 못 보게 하는지 이해가 되지 않는다)	0.2

추궁하고 윽박지르고 협박하는만큼 아이들 성적이 향상된다 해도 문제가 되지 않을까? 나아가 인격마저 무시하고 존재 자체를 부정적으로 생각하게 하며 자녀 교육이라는 미명아래 행해지는 여린 마음에 비수를 꽂는 말, 언어폭력! 다시 한번 생각해 봐야 하지 않을까?

(5) 부모님이 가장 좋을 때가 언제인지 1가지만 쓰세요.

순위	설문내용	%	순위	설문내용	%
1	용돈주실 때	21.5	12	놀아 줄 때	1.4
2	칭찬 할 때	17.3	13	부모님 장기 출장	1.3
3	나를 이해해 줄 때	12.6	14	그냥 좋다	1.1
4	외모 (이쁘다고)를 칭찬할 때	7.9		부모님 사이가 좋을 때	1.1
5	나에게 관심을 가져줄 때	7		이해하고 나의 이야기 들어 줄 때	1.1
6	컴퓨터 1시간 이상 해도 혼내지 않을 때	6.1	15	식구가 같이 밥 먹을 때	1
7	나를 믿어줄 때	5.5	16	가족과 여행할 때	0.9
8	원하는 것 사줄 때	4.3	17	잔소리 안할 때	0.8
9	내가 하자는 것을 할 때	2.8	18	좋을 때가 없다	0.5
10	외식 할 때	1.9		공부할 때 먹을 것 주실 때	0.5
11	집에 혼자 있을 때	1.5		핸드폰 내가 원하는 것으로 바꿔 줄 때	0.5
12	다음에 잘해라	1.4			

> **쓴소리**
>
> 용돈줄 때, 칭찬할 때, 나를 이해해 줄 때, 원하는 것을 사줄 때 등으로 일반적인 예측을 할 수 있는 사안이었으나 집에 혼자 있을 때, 부모님 장기 출장, 좋을 때가 없다라는 답변이 3.3%(33명)에 이르렀다.
> 결과상 부모와의 관계가 극으로 치달을 가능성이 많다는 것을 의미할 뿐 아니라 부모에 대한 이해는 전무하며 굳이 위로하자면 '그냥 좋다' 가 1.1%(11명) 정도라는 것이다.
> 우리 아이들 눈에 비친 부모, 아이들에게 어떻게 처신을 해야 부모로서의 존경과 권위를 찾을수 있을지 다시 고민해 봐야 하지 않을까?

(6) 부모님이 가장 싫을 때가 언제인지 1가지만 쓰세요.

순위	설문내용	%	순위	설문내용	%
1	반복되는 잔소리	36.1	13	결과만 보고 혼낼 때	1.3
2	나에게 괜히 화풀이 할 때	15.5	14	아빠가 술 마실 때	1.1
3	나를 무시하고 의견을 존중하지 않을 때	8.9	15	잘못을 이해해 주지 않을 때	1
4	내 마음대로 못하게 할 때	8.1	16	공부를 하려고 하거나, 미래 직업 등을 이야기 하면 콧방귀를 뀌며 안 믿을 때	0.5
5	얼굴만 보면 공부하라고 할 때	4		책 읽으라고 할 때	0.5
6	약속한 용돈 안 줄 때	3.8		숙제가 많은데 자라고 화낼 때	0.5
7	재미있게 게임하는데 공부하라고 할 때	2.9		싫을 때가 없다	0.5
	동생, 형, 누나와 차별할 때	2.9		시험 성적 물어볼 때	0.5
8	엄마, 아빠 싸울 때	2.6	17	부모님이 너무 엄하다	0.4
9	오빠, 동생 때문에 이유없이 혼날 때	2.5		공부만 하라고 하고 못 놀게 할 때	0.4
10	공부가 전부라고 할 때	1.6		못생겼다고 할 때	0.4
11	집안 일 시킬 때	1.5		공부하라고 컴퓨터, TV 선 뽑을 때	0.4
12	시험 못봤다고 꾸중하실 때	1.4	18	시험 (공부) 만든 사람 죽이러 가기 죽어서 묻혔으면 멋진 사람 사귀어 무덤 밟으러 가기	0.3
	부모님이 너무 세게 때릴 때	1.4			

잔소리가 1위를 차지했으나 상당수가 자신을 인정하지 않는다는 불평이 주류를 이루었다. 시험 공부의 스트레스를 적나라하게 표현한 '시험(공부) 만든 사람 죽이러 가기, 죽어서 묻혔으면 무덤 밟으러 가기'라고 설문을 작성한 이유를 생각하면 섬 뜩하다는 생각이 든다.

(7) 부모님의 소원이 무엇이라고 생각하는지 1가지만 쓰세요.

순위	설문내용	%	순위	설문내용	%
1	내가 잘되는 것	33.7	10	내가 건강한 것	1.9
2	공부 잘하는 것	25.5	11	내가 스스로 공부하는 것	1.5
3	내가 성공하는 것	12.5	12	성적이 중간이라도 되는 것	1.2
4	좋은 대학 가는 것	5.8	13	부모님과 반대로 사는 것	1.1
5	어른이 되어 잘 사는 것	4.2	14	목표를 달성하는 것	1
6	내가 하고 싶은 일하는 것	3.3	15	전교 1등 해보는 것	0.7
7	서울에 있는 대학 가는 것	2.7	16	모범생 되는 것	0.3
8	안전한 직장 얻는 것	2.1	17	열심히 노력하는 것	0.5
9	가족이 행복하게 사는 것	2.0			

쓴소리

부모님을 사랑하는 마음과 원망, 공부에 대한 거부감, 부모님의 일거수 일투족을 관찰하며 나름대로 부모님을 생각하고 평가하고 있다.
아이의 소원과 요구를 얼마나 들어주었으며 어느 정도 들어 줄 수 있습니까?
부모님은 아이들에게 몇 점짜리 부모일까를 생각해 보셨습니까?
부모님에 대한 만족도가 평균 50점을 넘지 못했습니다. 부모님께서는 아이에 대한 만족도 점수를 몇 점을 주시렵니까?
아이가 단세포 동물이 아니라는 생각과 나름대로 인격을 가지고 있고 인정하는 계기가 되었으면 합니다.

(8) 부모님께 하고 싶은 말을 1가지만 쓰세요.

순위	설문내용	%	순위	설문내용	%
1	열심히 해볼게요	20.6	12	칭찬해 주세요	2
2	공부하라고 좀 하지 마세요	16	13	꼬박 꼬박 용돈주세요(인상)	1.9
3	사랑해요	10.5	14	다음에 시험 잘 볼게요	1.8
4	컴퓨터하게 해주세요	6.4	15	자유롭게 해주세요	1.6
5	공부가 다는 아니예요	5.5	16	죄송해요	1.5
6	명령하지 마세요	4.7	17	열심히 해서 좋은 대학 갈게요	1
6	내가 하고 싶은거 하게 해주세요	4.7	18	공부 안하면 안되요?	0.9
7	잘할께요	4.4	19	차별하지 말고 나에게도 투자 좀 해주세요	0.5
8	믿어주세요	4.3	20	오래사세요	0.4
9	감사해요	3.6	20	짜증나게 하지마세요	0.4
10	없다	3.5	21	동생과 싸우지 않을게요	0.3
11	잔소리 그만 하세요	3.2	21	아빠, 담배 좀 줄이세요	0.3

쓴소리

근본적으로 부모를 미워하고 자식을 미워하지 않는다. 원하는 것의 차이로 인해 문제가 발생할 뿐이다. 자녀가 무엇을 원하는지 정확히 파악하고 우선 순위를 정해 무리하지 않게 실천하게 하는 것이 중요하다. 통제를 최소화하고 선택하게 하여 책임감을 느끼게 하고 과정에 대한 칭찬을 잊지 않아야 한다. 1·2·3 법칙을 활용한다. 즉, 1번 말하고 2번 듣고 3번 공감하는 태도를 취한다면 문제해결에 한걸음 다가설 수 있을 것이다.

⑼ 현재 성적에 만족하는 정도는?

순위	설문내용	%
1	불만이 많다	49.8
2	모르겠다	41.3
3	만족한다	8.9

쓴소리

만족한다는 대답이 8.9%(89명)에 불과 할 정도로 자신의 성적이 문제라는 사실을 아이들도 잘 알고 있다. '모르겠다'를 말 그대로 이해하지 말고 불만이 많지만 설문서에 표시하려니 짜증이 난다라고 이해해야 하지 않을까요?
성적으로 인한 스트레스는 부모님보다 아이들이 훨씬 많다는 것을 이해했으면 한다.

⑽ 6개월 후 우등생이 될 수 있다면?

순위	설문내용	%
1	열심히 하겠다	75
2	열심히 할 생각은 있다	18.5
3	모르겠다	6.5

쓴소리

열심히 공부하겠다는 답변이 93.5(935명)에 달했다. 가능성만 있다면, 기회가 주어진다면, 성적을 향상시킬 수만 있다면 열심히 공부를 하겠다고 생각하고 준비하고 있다. 하지만 왜 아이들의 성적이 향상되지 않는지 아이들에게 해답을 제시해 주는 것이 우리의 책임이라고 생각한다.

⑾ 성적 부진은 누구의 책임인가?

순위	설문내용	%
1	나의 책임이다	77.5
2	기초 부족으로	17.3
3	내 머리가 나빠서	4.4
4	잘하는 친구들에게만 신경을 많이 써 주기 때문에	0.8

쓴소리

이주 겸손하게 그리고 진실된 마음으로 나의 책임과 기초 부족 그리고 내 머리가 나빠서라고 답했고 남보다는 자신의 탓을 하였다. 아이들은 성적 부진의 원인을 정확하게 알지 못해 이런 결과가 나왔다고 볼 수 있다.

아이들의 성적 부진은 아이수준에 맞게 지도하지 못한 성인 즉 아이들을 지도하는 부모, 학교 선생님 그리고 사교육기관 탓이라고 생각한다. 아이들은 공부할 의욕과 준비가 되어있는데도 지도가 부실하기 때문에 성적도 좋지 않고 의욕도 없어지는 것이다.

아이 탓을 하지 말고 교육 탓으로 생각하고 대안을 찾을 때 문제는 해결되기 시작한다.

⑿ 여러분의 소원을 1가지만 쓰세요.

순위	설문내용	%
1	우등생이 되는 것	55.6
2	최신 컴퓨터 게임기를 가지고 싶다	24.6
3	인기 연예인이 되는 것	19.8

쓴소리

아이들에게 공부를 게임처럼 생각해 우등생으로 변하게 할 책임이 어른들에게 있다. 우리 아이들이 변할 수 있도록 아이를 정확히 진단하고 아이들의 미래를 위해 그에 알맞은 맞춤 학습 프로그램으로 지도해야 한다.

⒀ 기분이 좋았을 때가 언제입니까?

순위	설문내용	%	순위	설문내용	%
1	여행 했을때	27.8		시험 볼때 아는 문제가 있을 때	1.1
2	시험 잘 봤을 때	21.5	13	책 읽을 때	1.1
3	노력만큼 결과가 나올 때	9.1		게임을 할 때	1.1
4	친구와 놀때, 하루 종일 놀 때	8.4	14	엄마 칭찬 (우리딸 정말 예쁘네, 참 잘했다) 들을 때	1
5	목표 달성 했을 때	5.3			
6	원하는 것 얻었을 때	3.2		노래방 갔을 때	0.9
7	100점 맞았을 때	3	15	키컸다고 할 때	0.9
8	내가 하고 싶은 것 할 때	2.6		엄마에게 요리 배울 때	0.9
9	콘서트 갈때	2.4	16	오빠가 사탕 주었을 때	0.6
10	시험 끝났을 때	2		집에 있을 때	0.6
11	방학할 때	1.9		옷 사고 놀 때	0.3
12	공부를 하면 된다고 생각이 들었을때	1.2	17	친구가 행복해 할 때	0.3
	부모님 출타시	1.2		잠 잘 때	0.3
	이성 친구 만날 때	1.2	18	위로해 줄때	0.2
				놀이동산 갔을 때	0.2

자녀의 소원을 통제를 줄이는 것과 하고싶은 것을 하는 것 그리고 성적 향상이라고 할 수 있다. 아이는 싫지만 부모는 자녀에게 절대적으로 필요하다는 생각에 엄격히 규제하고 있는 것이 현실이다. 칭찬과 애정 표현이 명약이 될 수 있다. 또한 현재보다 미래를 보는 혜안이 필요하다.